알기 쉬운 사도신경

Cinq petites catéchèses sur le Credo
by Mgr. Christophe Dufour
ⓒ Bayard Editions, 2007

알기 쉬운 사도신경

2012년 10월 15일 교회 인가
2013년 1월 30일 초판 1쇄 펴냄
2013년 2월 11일 초판 2쇄 펴냄

지은이 | 크리스토프 뒤포르
옮긴이 | 이재정
펴낸이 | 염수정
펴낸곳 | 가톨릭출판사
편집 겸 인쇄인 | 홍성학
디자인 자문 | 김복태, 류재수, 이창우, 황순선
편집장 | 송향숙 **편집** | 김소정, 채지영
디자인 | 이경숙, 김지혜

본사 | 서울특별시 중구 중림로 27
지사 | 경기도 파주시 조리읍 당재봉로 56 프린팅파크 內
등록 | 1958. 1. 16. 제2-314호
전자우편 | edit@catholicbook.kr
전화 | 1544-1886(대)/ 070-8233-8221(영업국)
지로번호 | 3000997

ISBN 978-89-321-1293-0 03230

값 10,000원

인터넷 가톨릭서점 http://www.catholicbook.kr
직영 매장 : 명동대성당 (02)776-3601, 3602/ FAX (02)776-1019
　　　　　 가톨릭회관 (02)777-2521/ FAX (02)777-2520
　　　　　 서초동성당 070-8234-1880
　　　　　 서울성모병원 (02)2258-6439, 070-7757-1886/ FAX (02)392-9252
　　　　　 분당요한성당 (031)707-4106
　　　　　 절두산 (02)3141-1886/ FAX (02)3141-1886
　　　　　 미주지사 (323)734-3383/ FAX (323)734-3380

이 도서의 국립중앙도서관 출판시도서목록(CIP)은 e-CIP홈페이지(http://www.nl.go.kr/ecip)와 국가자료공동목록시스템(http://www.nl.go.kr/kolisnet)에서 이용하실 수 있습니다(CIP제어번호: CIP2013000035).

성경 ⓒ 한국천주교중앙협의회 2005
전례문·교황 문헌 ⓒ 한국천주교중앙협의회

이 책의 한국어판 저작권은 (재)천주교서울대교구 가톨릭출판사에 있습니다. 저작권법에 의해 한국 내에서 보호를 받는 저작물이므로 무단 전재와 무단 복제를 금합니다.

전능하신 천주 성부, 천지의 창조주를 저는 믿나이다. 그 외아들 우리 주 예수 그리스도님, 성령으로 인하여 동정 마리아께 잉태되어 나시고, 본시오 빌라도 통치 아래서 고난을 받으시고, 십자가에 못박혀 돌아가시고 묻히셨으며, 저승에 가시어 사흘 날에 죽은 이들 가운데서 부활하시고, 하늘에 올라 전능하신 천주 성부 오른편에 앉으시며, 그리로부터 산 이와 죽은 이를 심판하러 오시리라 믿나이다. 성령을 믿으며, 거룩하고 보편된 교회와 모든 성인의 통공을 믿으며, 죄의 용서와 육신의 부활을 믿으며, 영원한 삶을 믿나이다. 아멘.

알기 쉬운 사도신경

크리스토프 뒤포르 지음 | 이재정 옮김

가톨릭출판사

옮긴이의 말

본당 사목을 할 때, 저는 첫영성체를 준비하는 아이들에게 여러 가지 기도문을 외우도록 했습니다. 그때마다 사도신경만큼은 꼭 외우도록 강요 아닌 강요도 했지요. 어려운 용어가 많이 쓰인 사도신경을 외우는 것이 아이들에게는 만만치 않은 일이었겠지만 아이들은 잘 외웠습니다. 물론 아이들이 사도신경에 담긴 의미를 모두 알았다고 생각하지는 않습니다. 그럼에도 불구하고 사도신경을 외우라고 했던 이유는 사도신경 안에 신앙인이 믿어야 하는 모든 것이 담겨 있기 때문이었습니다.

오늘날 많은 신앙인들이 무엇을 믿어야 하는지, 또는 무엇을 믿고 있는지도 모른 채 신앙생활을 하는 모습을 종종 보게 됩니다. 신자들은 주일 미사 때마다 "믿습니다."라고 고백하지만 사실 그 의미와 내용에 대해서는 잘 모르는 경우가 많습니다.

사도신경은 전례에서 반복적으로 고백하는 문구가 아니라 신앙인으로서의 모든 존재를 걸고 고백해야 하는 신앙의 내용입니다. 그리스도인이 갖추어야 하는 교회의 신앙은 사실 사도신경에 다 담겨 있습니다. 그렇기 때문에 초대 교회 때부터 사도신경은 신앙의 가장 중요한 상징이었고, 사도신경을 가르치고 전하는 일이 교회가 해야 하는 교육 가운데 가장 첫 자리를 차지했습니다. 사도신경은 바로 신앙인이 간직하고 다음 세대에 전해 주어야 하는 신앙의 정수이기 때문입니다.

신앙인이 무엇을 믿으며, 무엇을 믿어야 하는지에 대해 생각하는 시간을 가졌으면 하는 바람에서 이 책을 번역하게 되었습니다. 신앙인으로서 우리가 믿고 전해야 하는 사도신경의 내용과 의미를 다시 한 번 확인하는 데 이 책이 작은 도움이 되었으면 좋겠습니다.

    가능한 한 저자가 전하고자 한 내용에서 벗어나지 않으려고 노력했지만, 저자의 의도가 퇴색되지 않도록 하는 범위에서 읽는 이의 이해를 돕고자 조금은 다듬은 부분이 있음을 말씀드리고 싶습니다.

    이 자리를 빌려 감사드리고 싶은 분들이 있습니다. 먼저 바쁘신 소임 중에도 투박한 제 번역을 여러 차례 정성스럽게 다듬어 주신 최 마리 시메온 수녀님께 고개 숙여 감사를 드립니다. 그리고 작업을 할 수 있도록 많은 배려를 해 주신 용 실바노 신부님과 김 아오스딩 신부님께도 감사의 마음을 전합니다. 아울러 이 책의 출간을 위해 많은 수고를 마다하지 않으신 가톨릭출판사 직원들께도 감사의 인사를 전합니다.

2012년 8월
이재정 신부

차례

옮긴이의 말 · 4

이야기를 시작하며 **"믿습니까?"** · 10

1장 전능하신 천주 성부, 천지의 창조주를 믿나이다 · 17

하느님은 아버지이심을 믿습니까? · 24

전능하신 천주 성부를 믿습니까? · 34

천지의 창조주이신 하느님을 믿습니까? · 43

보다 깊이 들여다보기 · 48

2장 외아들 우리 주 예수 그리스도님, 성령으로 인하여 동정 마리아께 잉태되어 나셨음을 믿나이다 · 51

신경은 우리의 역사입니다 · 53

하느님으로부터 나신 예수님 · 56

예수님은 실존하셨던 분일까요? · 59
예수님은 하느님으로부터 나신 분 · 62
성령으로 인해 잉태되신 예수님 · 63
동정 마리아께 잉태되신 예수님 · 70
성모님, 당신의 비밀을 알려 주십시오 · 73
보다 깊이 들여다보기 · 80

3장 사흘날에 죽은 이들 가운데서 부활하심을 믿나이다 · 83

저승에 내려가신 예수님 · 90
사흘날에 죽은 이들 가운데서 부활하신 예수님 · 95
하늘에 오르신 예수님 · 102
고난을 받으신 예수님 · 106
보다 깊이 들여다보기 · 110

4장 성령을 믿으며 거룩하고 보편된 교회와 모든 성인의 통공을 믿나이다 · 113

성령을 믿습니다 · 117
거룩하고 보편된 교회를 믿습니다 · 124
모든 성인의 통공을 믿습니다 · 133
보다 깊이 들여다보기 · 142

5장 죄의 용서와 육신의 부활을 믿으며 영원한 삶을 믿나이다 · 145

영원한 삶을 믿습니다 · 148

육신의 부활을 믿습니다 · 164

죄의 용서를 믿습니다 · 169

이렇게 말하십시오 "나는 믿습니다." · 171

보다 깊이 들여다보기 · 176

이야기를 마치며 "예, 믿습니다!" · 178

부록

사도신경 · 183

니케아 – 콘스탄티노플 신경 · 185

이야기를 시작하며

"믿습니까?"

"믿습니까?"

이 책을 읽는 동안 여러분이 자주 받게 될 질문입니다. 또한 앞으로 제가 들려주려는 이야기의 주제와도 관련이 있는 질문이기도 합니다. 지금부터 들려줄 이야기는 신경에 관한 것으로, 〈신경에 관한 다섯 가지 교리 교육〉이란 주제로 프랑스 리모주 교구 성 미카엘 데 리옹 성당에서 했던 강연 내용입니다. 여러분은 과학과 기술, 그리고 이성으로 가득 찬 '오늘'이라는 시간을 살고 있습니다. 사도신경에 관한 이야기는 '오늘'을 살아가는 여러분이 신앙 고백을 통해 믿어야 할 진리들에 대해 새롭게 생각해 볼 수 있게 도와줄 것입니다.

지금부터 여러분에게 다섯 가지 진리를 말씀드릴 것입니다. 아마도 이 진리들을 조금은 어렵게 느낄 수도 있겠다는 생각이 듭니다. "하느님은 전능하십니다.", "예수님은 하느님의 아드님이십니다.", "예수님은 죽은 이들 가운데서 부활하셨습니다.", "교회는 거룩합니다.", "성령은 영원한 생명을 주십니다."라는 진리를 들으면서 여러분은 마치 열리지 않는 거대한 문 앞에 서 있는 것과 같은 답답함을 느끼게 될지도 모릅니다. 이 진리들이 넘기 힘든 벽이라는 생각이 들어서 고민에 빠지게 될 수도 있고 어쩌면 이 진리로부터 도망치고 싶은 마음마저 생길지도 모릅니다.

"믿습니까?"
저는 이 질문을 '초대'라고 말하고 싶습니다. "믿습니까?"

는 자녀의 세례를 준비하는 부모, 세례를 앞둔 예비 신자, 대부모 그리고 견진 대상자 모두가 받게 되는 질문입니다. 그리고 그 누구보다도 세례성사 때 고백했던 신앙을 부활 성야 미사 중에 새롭게 고백해야 하는 모든 신앙인에게 드리는 질문입니다. 세례 예식은 초대 교회 때부터 '믿음의 세 가지 고백'으로 이루어져 있었습니다. 이런 의미에서 본다면 "믿습니까?"라는 질문은, 신앙의 선조들이 전해 준 신앙의 유산을 다시 한 번 기억하게 하며 그리스도인들이 간직해 온 신앙으로 우리를 부르는 초대라고 할 수 있습니다.

"당신은 천지의 창조주, 전능하신 천주 성부를 믿습니까?"
"당신은 성령으로 인하여 동정 마리아께 잉태되어 나시고
본시오 빌라도 통치 아래서 고난을 받으시고
십자가에 못 박혀 돌아가시고 묻히셨으며
저승에 가시어 사흘날에 죽은 이들 가운데서 부활하시고
하늘에 올라 전능하신 천주 성부 오른편에 앉으신
하느님의 외아들이시며 우리의 주님이신 예수 그리스도를

믿습니까?"

"당신은 성령과 거룩하고 보편된 교회와 모든 성인의 통공, 죄의 용서와 육신의 부활, 그리고 영원한 삶을 믿습니까?"

신앙 고백에 관한 이 세 가지 질문은 지난 2000년 동안, 현 세대에서 다음 세대로, 부활 축제부터 그다음 부활 축제까지 계속해서 전해졌습니다. 그리스도인들은 이 질문을 통해 신앙을 고백했고, 그렇게 함으로써 하나의 신앙으로 모였습니다. 이 질문 하나하나가 그리스도교 신앙의 상징이자 표상입니다. 그래서 그리스도교 전통에서는 이러한 신앙의 상징을 '사도신경 Symbolum Apostolicum', 또는 '교의敎義'라고 불러왔습니다. 그렇습니다. 신앙에 대한 이 상징적 용어들은 다름 아닌 예수 그리스도를 통해서 시작되었고, 그리스도의 삶과 메시지에 그 뿌리를 두고 있습니다.

믿습니까?

"옛날 옛날에 한 임금님이 살았단다."

어른들은 아이들에게 옛날이야기를 들려줄 때 이렇게 시작하곤 합니다. 옛날이야기에는 상징적 의미나 현실과 맞닿은 내용이 담겨 있습니다. 또한 아이들의 내적 자아 형성에 도움을 주거나 아이들의 마음을 평온하게 해 주기도 합니다.

예수님 역시 우리에게 '이야기'를 들려주십니다. 예수님은 주로 비유와 예화를 들어 말씀하셨습니다. 이는 당신이 전하시고자 했던 보이지 않는 신비를 우리가 볼 수 있게 해 주기 위한 그분만의 특별한 방식이었습니다. 예수님은 하느님 아버지의 사랑에 대한 신비한 비밀, 바로 하늘나라에 관한 이야기들을 해 주셨습니다.

여기서 여러분에게 옛날이야기 하나를 들려줄까 합니다.

옛날 옛날에 두 명의 아들을 둔 임금이 살았습니다. 임금은 자신의 임종이 다가오자 아들들에게 아주 값진 유산을 물려주고 싶었습니다. 그런데 이 유산은 도저히 둘로 나눌 수 없는 것이었습니다. 그래서 임금은 한 아들에게만 유산을 물려주기로 결심하고, 두 아들 가운데 누가 그 값진 유산을 상속받을 만한지 알아보기 위해 아들들을 시험해 보기로 했습니다.

임금은 성 안에 있는 방 가운데 가장 중요하고 아름다운 방 하나를 두 아들에게 내주면서 이렇게 말했습니다.

"이 방을 꽉 채우도록 해라. 나는 내 성에서 가장 중요한 이 방을 더 잘 채우는 사람에게 모든 유산을 물려줄 것이다."

큰아들은 멋지고 아름다운 가구와 으리으리한 장식품들, 그리고 화려한 그림과 색색의 꽃으로 방을 가득 채웠습니다. 그러자 그 방은 세상에서 가장 화려하고 아름다운 방이 되었습니다. 조금 덧붙이자면 큰아들이 꾸민 방은 인간이 만든 가장 아름다운 작품들로 꾸민 방이 된 것입니다. 그렇다면 둘째 아들은 무엇으로 방을 채웠을까요? 둘째 아들은 평범한 초 한 자루를 가지고 방에 들어왔습니다. 그리고 어두운 방 한가운데 초를 세워 놓은 뒤 심지에 불을 붙였습니다. 촛불은 아주 약했습니다.

자, 두 아들 가운데 누가 임금의 값진 유산을 물려받았을까요? 그렇습니다. 다들 이미 눈치챘을 것입니다. 바로 둘째 아들입니다. 그가 켠 초의 불빛은 비록 약했지만 방 안 어느 한 곳도 어둡지 않게 빛으로 가득 채웠습니다. 이와 마찬가지로 신앙의 작은 불빛도 인간의 모든 마음을 가득히 채웁니다. 그러나 물질적인 재화는 언제든지 사라지기 마련이며, 때로는 인간의 마음에 쓸쓸함을 남기기도 한다는 것이 이 이야기에 담긴 교훈입니다.

"우리는 그리스도의 사랑을 압니다. 그러기에 우리는 믿습니다."

그리스도의 사랑을 받았던 한 제자가 위와 같이 고백했습니다. 신경은 사랑의 역사입니다. 신앙 행위는 신비스러운 하느님의 사랑 안에 머무는 신뢰를 의미합니다.

자, 이제 신비의 문을 열고, 작은 불빛을 받아들입시다. 그 빛이 여러분 안으로 들어가서 여러분 한가운데 자리하도록 마음을 활짝 열어 봅시다!

1장

전능하신 천주 성부, 천지의 창조주를 믿나이다

우리는 지금 신앙을 향해 나아가는 여정 중에 있습니다. 예수 그리스도에 대한 신앙의 여정은 그분의 부르심에 응답하는 여정입니다. 왜냐하면 우리는 언제나 다시 시작하라고 초대받은 사람들이기 때문입니다. 이 초대는 복음삼덕을 통해 그 참된 의미가 드러납니다. 먼저 신앙[信] 안에서 다시 시작하라는 초대입니다. 회개를 통해 하느님의 은총을 받아들일 수 있도록 우리의 마음을 다시 활짝 열어 놓으라는 것입니다. 그리고 기도[望]를 통해 다시 시작하라는 초대입니다. 하느님에 대한 열정이 내 안에 있다는 사실을 다시 찾아내라는 것입니다. 또한 애덕[愛] 안에서 다시 시작하라는 초대입니다. 하느님의 숨결이 언제나 내 곁에 머물고 있음을 다시 깨달으라는 것입니다. 지금 여러분에게 들려주는 교리는 하느님을 찾는 사람들에게는 꼭 필요한 것입니다. 물론 교리의 내용은 교회가 간직해 온 오랜 신앙인 신경에 대해 다시 이야기하는 것입니다. 신경은 "저는 믿나이다."라는 신앙 고백이 담긴 문장입니다. 라틴어 신경에서는 바로 이 단어로 시작하지요. 이 고백은 우리가 앞으로 해 나갈 신앙생활의 견고한 초석이자, 앞으로 우리가 걸어가야 하는 여정에 있어서 꼭 필요한 발판입니다. 그렇습니다! 지금 저는 하느님의 진리에 대해 우리가 "아멘Amen.", 즉 "예."라고 고백해야 한다고 말하는 것입니다. 우리는 주일 미사 때마다 "저는 믿나이다."라고 고백합니다. 이로써 우리는 교회에서, 즉 교회의 신앙으로 우리의 신앙을 고백하게 됩니다. 이러한 신앙 고백은 어떤 상황에서도 우리의 신앙이 흔들리지 않도록 해 주며, 우리를 믿음으로 굳건히 지탱해 줄 것입니다.

여기서 한 가지 제안을 하고 싶습니다. 바로 우리가 늘 고백하는 신경 자체에 대해 의문을 가져 보자는 것입니다. 우리는 세례성사를 받을 때 신앙 고백에 관해 다음 세 가지 질문을 받습니다.

"천지의 창조주 전능하신 천주 성부를 믿습니까?"

"동정 마리아께 잉태되어 나시고, 고난을 받으시고 묻히셨으며, 죽은 이들 가운데서 부활하시고, 성부 오른편에 앉으신 독생 성자 우리 주 예수 그리스도를 믿습니까?"

"성령과, 거룩하고 보편된 교회와, 모든 성인의 통공과 죄의 용서와, 육신의 부활과, 영원한 삶을 믿습니까?"

우리는 보통 부활 성야 때 이 질문들을 다시 받게 되며 이를 통해 신앙생활을 하는 우리의 마음을 되돌아보는 기회를 갖게 됩니다. 특히 부활 성야 전례에서는 그 의미가 한층 새롭게 다가옵니다. 왜냐하면 부활 성야 미사 때에 우리가 세례성사를 청하며 했던 신앙 고백을 다시금 새롭게 하기 때문입니다.

신앙을 찾으려는 사람이나 이미 신앙의 삶을 사는 사람에게 말해 주고 싶은 것이 있습니다. 삶은 매 순간 우리에게 질문을 던집니다. 마찬가지로 역사도 매 순간 우리가 고백하는 신앙에 대해 질문을 던져 왔습니다. 우리의 신앙이 언제나 확실할 수는 없습니다. 더욱이 신앙이 확실하기를 강요받는다면 이는 더 이상 신앙이 아닐 것입니다.

"신앙의 암흑 속에서 피어나는 신앙의 확신."

이 말은 프랑스와 바리옹 François Varillon 신부가 즐겨하던 말입니다. 주변의 많은 사람들이 의심과 비판, 궁금증과 관심을 가지고 우리 신앙인에게 질문을 던집니다.

한 수녀원에서 저에게 구도의 길을 찾는 어떤 사람에 대한 사연을 보내 온 적이 있습니다. 여기서 그 이야기를 들려주겠습니다.

어떤 사람이 작은 배낭 하나만 메고 고향을 떠나 어디론가 가고 있었습니다. 아마도 자신의 삶을 돌아보는 시간을 갖고 싶었던 모양입니다. 그는 '나는 어디로 가야 하는가? 삶은 어디로 흘러가는 것일까? 산다는 것이 의미가 있기는 한가?'라는 질문을 잔뜩 짊어진 채, 자신의 과거와 미래에 대해 무척 고민했습니다. 그때 누군가 그에게 "저 아래에 작은 성당이 있소. 아마도 그곳에 가면 당신이 찾고자 하는 것을 찾을 수 있을 거요."라고 말해 주었습니다. 그곳은 다름 아닌 수녀원이었습니다. 그는 그 길로 수녀원에 달려가 "수녀님! 어릴 적 신앙을 되찾고 싶습니다. 신앙에 대해 다시 알려 주십시오."라고 말하고는 울음을 터트렸다고 합니다.

과연 그 수녀가 그의 어린 시절 신앙에 대해 말해 주었을까요? 그래서 그가 신앙을 되찾았을까요? 그것은 아무도 모릅니다. 다만 그는 그리스도인들이, 그리고 그가 어릴 적 가졌던 신앙을 다시 찾기 위해 자신의 길을 걸었고, 자신의 가슴속에 숨어 있던 어떤 바람을 다시 찾았을 것입니다. 아마도 성령이 그 사람 안에서 활동하셨을 것입니다. 이런 체험을 한 사람이 그 사람 하나만은 아닐 것입니다. 하느님을 찾으려는 신앙의 길 위에 있는 사람들은 무수히 많습니다. 그래서 저는 여러분에게 한 가지 질문을 하고 싶습니다.

"세례성사를 받은 당신은 지금 누구를 믿고 있습니까?"

앞에서 말한 것처럼 이제부터는 여러분과 신경의 내용을 함께 나누려고 합니다. 신경의 내용 가운데서 특히 현재를 살아가는 우리의 지성과 가장 많이 충돌한다고 여겨지는 내용에 관해서 이야기할 것입니다.

하느님은 정말 어떤 분이실까요? 신경은 하느님을 '아버지(성부)', '전능하신 분', '창조주', 이 세 단어로 표현합니다. 세례성사 때 받는 첫 번째 질문인 "천지의 창조주 전능하신 천주성부를 믿습니까?"와 연결되는 이 세 단어에 대해 조금 더 자세히 알아보겠습니다.

"전능하신 아버지, 천지의 창조주이신 하느님을 믿습니까?"

하느님은 아버지이심을 믿습니까?

하느님은 아버지이십니다
우리는 어떻게 이 사실을 알 수 있을까요?
하지만 우리는 이 사실을 분명히 알고 있습니다. 왜냐하면 하느님이 직접 우리에게 당신이 우리 아버지이시라고 말씀해 주셨기 때문입니다. 바로 예수님을 통해서 멋지고 놀라운 방법으로 말입니다. 그러므로 우리가 "하느님은 우리 아버지이심을 저는 믿습니다."라고 고백하는 것은 하느님이 아버지이시라고 알려 주신 그리스도에 대한 우리의 신뢰를 드러내는 것입니다.

우리는 신약 성경에서 하느님의 목소리를 두 번 들을 수 있습니다. 예수님이 요르단 강에서 세례받으실 때와 높은 산(일반적으로 '타보르 산'으로 전해져 옴)에서 거룩하게 변모하실 때입니다. 하느님은 당신의 목소리를 이렇게 들려주셨습니다.

"이는 내가 사랑하는 아들, 내 마음에 드는 아들이다."(마태 3,17; 17,5)

하느님은 예수 그리스도를 통해 땅 위에 있는 모든 사람들에게 이렇게 말씀하셨습니다. 그리고 땅 위에 사는 비천한 사람에게도 하느님은 당신이 아버지라고 말씀해 주십니다.

"사랑하는 아들(딸)아, 이는 내가 사랑하는 아들(딸), 내 마음에 드는 아들(딸)이다. 너는 나의 아들(딸)이다."

이렇게 말씀하시면서 모든 사람에게 당신의 자비와 끝없는 상급을 내려 주십니다. 하느님은 인간이 서로를 존중하도록 해 주셨습니다. 왜냐하면 인간 한 사람 한 사람은 모두 세상에서 유일한 존재이기 때문입니다.

하느님은 우리의 아버지이십니다

예수님은 우리에게 하느님이 우리의 아버지라는 사실을 알려 주셨습니다.

"너희는 이렇게 기도하여라. 하늘에 계신 저희 아버지……."
(마태 6,9)

아버지이신 하느님은 우리 모두가 한 형제자매라는 것을 드러내 보이셨습니다. 사람과 사람 사이에는 자연에서의 약육강식의 법칙을 적용하지 않습니다. 하느님은 모든 인간을 평등하게 창조하셨고, 인간 사이에 그 어떤 차이도 두지 않으셨습니다. 그러므로 우리는 하느님 안에서 형제이며 자매입니다.

'자녀들에게 어떤 가치를 전해 주면 좋을까?'라는 고민을 하는 젊은 가장을 본 적이 있습니다. 그는 자녀들에게 가장 먼저 '존중'이라는 가치를 전해 주려고 했습니다. 그다음으로는 '나눔'을, 그리고 마지막으로 '신앙'을 전해 주려고 했습니다. 그리스도인에게 가치는 주관적인 것이 아닙니다. 우리는 보편성을 상실한 상대적 가치가 얼마나 위험한지 잘 알고 있습니다. 그러므로 그리스도인은 자기중심주의를 뛰어넘어 단단한 기초와 보편적인 기반에 가치를 두어야 합니다. 그 모든 가치는 하느님이신 예수 그리스도 안에 세워진 것들입니다.

존중이 바로 그런 가치입니다. 모든 인간은 존중받아야 합니다. 인간이란 하느님의 영원한 사랑을 받는 존재이기 때문입니다. 하느님은 모든 인간에게 이렇게 말씀하십니다.
"나는 너에게 나의 모든 사랑을 주었다. 너는 내 아이다."

나눔 또한 그런 가치입니다. 그런데 우리는 왜 나눔을 실천해야 할까요? 인간은 탐욕이라는 본성을 가지고 있어서 호시탐탐 서로의 것을 빼앗으려 하고 언제나 상대보다 많이 가지려고 합니다. 그래서 다른 사람을 시샘하거나 질투하곤 합니다. 이러한 탐욕 때문에 인간이 얼마나 추해지고 스스로를 병들게 하는지 우리는 잘 압니다. 그렇다면 무엇이 이런 인간을 나눔이라는 가치에로 시선을 돌리게 할 수 있을까요? 이 질문에 교회는 '신앙과, 하느님은 우리의 아버지이시라는 명확한 인식'이 그렇게 할 수 있다고 대답합니다. '하느님은 우리의 아버지'라는 인식을 통해 우리는 나눔에 대해 작지만 의미 있는 하나의 가치를 발견하게 됩니다. 하느님은 우리에게 당신 목소리를 들려주십니다.

"굶주리고 고통받는 너의 형제자매들과 함께 나누어라."

이 목소리는 우리 마음에 들리는 아주 작은 소리이며, 인간이 깨달을 수 있도록 이끌어 주는 음성입니다. 그리스도에 관한 묵상과 기도를 통해서 배웠던 '복음적 깨달음'을 우리가 발견하도록 도와주는 음성이기도 합니다. 또한 성령의 음성이며 바로 하느님 그분의 음성입니다.

'아버지'는 어떤 분이신가요?

하느님 아버지는 예수 그리스도를 통해 우리에게 말씀하시는 분이며, 우리가 믿고 있는 아버지이십니다. 그분은 결코 보잘것없는 분이 아니십니다. 무한하며 영원하시고, 형언할 수 없는, 바로 우리의 아버지이십니다. 또한 하느님 아버지는 우리에게 직접 인격적으로 다가오시며, 우리를 사랑하시는 분이십니다. 예수 그리스도가 우리에게 알려 주신 것처럼 하느님은 우리의 아버지이시며, 우리를 낳은 분이십니다. 몇몇 성경 구절에서 찾아볼 수 있듯이 우리는 하느님을 아버지, 어머니라 부를 수 있습니다. 이사야 예언자는 이렇게 말했습니다.

"여인이 제 젖먹이를 잊을 수 있느냐? 제 몸에서 난 아기를 가엾이 여기지 않을 수 있느냐?"(이사 49,15)

이러한 의미를 잘 깨달았던 예술가들도 있었습니다. 예를 들어, 네덜란드의 화가 렘브란트Rembrant(1606~1669년)는 〈돌아온 탕자〉라는 그림에서 하느님을 남자의 손과 여자의 손을 가진 아버지의 모습으로 표현했습니다.

하느님은 아버지이시며 우리를 낳으셨다고 앞에서 언급했습니다. 그렇다면 하느님은 어떤 방법으로 우리를 낳으셨을까요? 여기서 우리는 하느님의 위대한 신비를 만나게 됩니다. 하느님은 이 신비를 통해 예수 그리스도에 관해 묵상하도록 우리를 초대하십니다. 하느님은 선물이십니다. 끊임없이 당신 자신을 우리에게 내주시는 선물이십니다. 그분은 영원한 사랑이시며, 우리를 낳으시기 위해 끊임없이 사랑이 생겨나게 하시는 영원한 근원이십니다. 그분은 무한한 원천 그 자체며 자신을 온전히 내어 주는 순수 행위 자체이십니다. 하느님은 당신과 완전한 친교를 이루신 예수 그리스도, 바로 당신이 낳은 영원한 사랑이신 그리스도가 누구인지를 우리가 깨달을 수 있도록 당신 자신을 기꺼이 내주셨습니다. 이 부분에 대해서는 두 번째 장에서 다시 이야기하겠습니다.

요한의 첫째 서간에는 다음과 같은 내용이 있습니다.
"아버지께서 우리에게 얼마나 큰 사랑을 주시어 우리가 하느님의 자녀라 불리게 되었는지 생각해 보십시오."(1요한 3,1)

또한 에페소 신자들에게 보낸 서간에는 하느님이 그리스도를 통해 우리를 당신의 '자녀'로 삼기로 계획하셨다는 내용이 있습니다(에페 1,4-5 참조).

"저는 하느님께서 우리의 아버지이시라는 것을 믿습니다."라고 고백함으로써 우리는 하느님과 부모-자녀의 관계를 맺게 됩니다.

하느님이 아버지이시라는 것을 잘 알고, 아버지에게 모든 것을 맡기는 것처럼 하느님에게 모든 것을 맡기며, 하느님의 자녀로 살아가기로 결심합니다.

하느님이 사랑으로 우리를 낳아 주시기를 바라고 또한 우리가 하느님으로부터 나서, 아버지이신 하느님이 우리에게 완전한 형제애를 갖도록 해 주신다는 것을 믿습니다.

저는 묵상할 때 저의 시작과 근원이신 하느님에 대해 생각합니다. 제가 태어난 곳은 바로 하느님이고, 제가 가야 할 곳 역시 하느님입니다. 하느님 없이 저는 아무것도 아니며, 저의 가장 내적인 부분과 가장 인간적인 바람은 다른 곳이 아닌 오직 하느님 안에서만 충분히 채울 수 있습니다. 저는 오직 하느님을 통해서만 존재합니다.

그러니 아버지를 찾는 일을 멈추지 마십시오. 아버지를 찾는 것, 이것이 바로 우리 삶의 방향입니다.

아프리카에는 아버지를 찾는 사람들에 관한 이야기가 전해져 내려옵니다. 오래전, 아프리카에 서로 사랑하며 가족처럼 지내는 한 평화로운 마을이 있었습니다. 마을 사람들은 서로 돕고 나누면서 모두 부족함 없이 함께 지낼 수 있었습니다. 마치 '정의가 강물처럼 흐르는 것 같은'(아모 5,24 참조) 그런 마을이었던 것입니다. 축제 때면 마을 사람들은 기쁨과 즐거움을 함께 나누었습니다.

그러던 어느 날 아침, 마을에서 아버지가 보이지 않았습니다. 그들의 아버지라는 존재가 사라져 버린 것입니다. 온 마을 사람들이 나서서 아버지를 찾아다녔습니다. 숲 속 여기저기 계속 아버지를 찾아보았지만 그 어디에서도 그들은 아버지를 찾을 수 없었습니다. 지쳐 버린 사람들은 마침내 아버지를 찾는 일을 그만두기로 했습니다. 더 이상 숲 속을 헤매지도 않았고, 찾으려고 애쓰지도 않았습니다. 대신 사람들은 숲에 열린 열매에 더 관심을 갖게 됐습니다. 아버지를 찾아야 한다는 사실을 까맣게 잊은 채, 나무 열매를 따먹는 것만으로도 즐거워했고 모든 정신을 거기에 빼앗겨 버렸습니다.

이 이야기는 마을 사람들이 동물처럼 변해 버렸고 점점 더 본능적인 존재가 되어 갔다고 말합니다. 심지어 마을 사람들은 열매가 되어 버리기도 했습니다. 바로 탐욕의 열매입니다. 그러나 그 와중에 단 한 사람, 오로지 큰아들만이 아버지를 찾는 일을 포기하지 않고 계속해서 아버지의 흔적을 찾아 헤맸습니다. 그러다 큰아들은 아버지를 찾을 수 있었고, 아버지는 그 아들을 품에 안으면서 이렇게 말했습니다.

"나의 아들아, 너는 나의 아들, 내가 가장 사랑하는 아들이란다. 내 모든 사랑을 너에게 줄 것이란다."

이 이야기를 통해 우리는 오늘을 살아가는 우리의 모습

을 반성해 볼 수 있습니다. 또한 교회가 전해 주는 신앙의 의미도 찾아볼 수 있을 것입니다. 다시 한 번 말합니다. 여러분! 아버지를 찾는 것을 멈추지 마십시오.

전능하신 천주 성부를 믿습니까?

이 질문에 대해 교회는 '하느님은 전능하신 아버지이십니다.'라고 신앙 고백을 합니다. 교회는 우리가 전례 중에 바치는 기도를 통해 항상 이를 상기하도록 해 주며, 하느님에게 신뢰를 두라고 권고합니다.

"전능하신 하느님 저희에게 자비를 베풀어 주시고…… 전능하신 하느님께서는 저희에게 강복하시고……."

그러나 이를 매번 되풀이하면서도 우리는 신앙에 확신을 갖지 못한 채 의구심을 품고 살아갑니다.

저는 이 기도문의 형식이 조금 잘못된 것 같다고 생각합니다. 이 기도문에는 비판받을 수 있는 요소가 두 가지 들어 있기 때문입니다. 그 하나는 우리가 전능하신 권능을 펼치시는 하느님에 대한 생각을 할 때 어떤 거부감을 갖는다는 것입니다. '만일 하느님이 전능하신 분이시라면, 과연 어떤 자유가 인간에게 남아 있는 것일까?'라는 의구심 말입니다. 다른 하나는 우리가 하느님은 전능하신 분이 아니라고 생각한다는 것입니다. 하느님이 세상의 모든 악을 없애 주시지 않기 때문입니다. 사실 많은 사람이 악과 고통으로 인한 시련 때문에 하느님을 더 이상 믿지 않으려고 합니다. 심지어 하느님이 자신의 기도를 들어주시지 않는다고 속상해합니다. "정말 하느님이 계시다면 세상이 이렇게 악으로 가득하도록 내버려 두지 않으실 거야.", "하느님이 전능하신 분이시라면 내가 사랑하는 사람들이 죽어 가는 것을 그저 바라보고만 계시지는 않을 거야."라며 말입니다. 실제로 우리는 일상에서 이런 체험을 자주 합니다. 저는 이런 말을 들을 때마다 마음이 저려옵니다. 어른뿐만 아니라, 어린이와 청소년까지도 이런 말을 하곤 합니다. 그러나 이런 말들은 병자들을 돌보며 오랫

동안 그들과 함께 지내 온 사람들에게는 더욱 힘든 말이 되어, 그분들의 마음을 한층 더 아프게 할 것입니다. 게다가 이런 말들을 가슴에 깊이 새기는 사람들마저 있습니다.

그러면 '하느님은 전능하신 분이신가?'라는 질문에 우리는 어떻게 대답해야 할까요? '예'라고 해야 할까요? '아니오'라고 해야 할까요?

어느 날 어떤 여학생이 저를 찾아왔습니다. 종교 수업 담당 교사가 "하느님은 전능하신 분이 아니시다."라고 말했다면서 저에게 바로 그 질문을 했습니다. 저는 이렇게 대답해 주었습니다.

"하느님은 전능하신 분이시란다."

만일 하느님이 정말 하느님이시라면 그분은 틀림없이 전능하신 분입니다. 저는 온 교회와 더불어 그 사실을 믿습니다. 하느님이 전능하신 분이시라는 것을 믿는 것이 바로 그리스도인의 신앙이기 때문에 믿습니다. 그렇습니다. 우리 모두는 이 사실을 믿습니다. 그래도 하느님의 전지전능함에 대해 계속 의구심이 든다면, 그런 의구심에는 어떤 것들이 있을까요?

먼저 그리스도인들이 잘못 생각하는 하느님의 모습에 대해서 이야기해 보도록 하겠습니다.

하느님은 전쟁의 선봉장이 아닙니다

이스라엘 백성들은 권력과 정복에 대한 욕망을 채우기 위해 하느님을 이용했습니다. 그러나 정작 하느님은 이런 놀이에는 관심이 없으셨습니다. 이스라엘 백성이 전쟁의 망상에서 벗어나는 데는 많은 시간이 필요했습니다. 그것은 평화와 화해를 원하시는 하느님의 모습을 그들이 깨닫는 데 필요한 시간이었습니다. 이스라엘 백성이 이런 사실을 깨닫기까지는 예언자들의 노력이 많았습니다. 특히 이집트에서 탈출하던 시기에 그러했습니다. 구약 성경의 욥기를 읽어 보십시오. 그러면 성경에서 증언하는 하느님이 절대로 전쟁의 선봉장이 아니라는 사실을 알게 될 것입니다.

하느님은 신화가 아닙니다

하느님은 우리의 부족함을 메워 주기 위해 존재하시는 분이 아닙니다. 이성적 사고가 발전하지 못했던 고대에는 종종 신을 인간의 부족함을 틀어막는 마개처럼 여기기도 했습니다. 그러나 하느님은 인간의 이성이 이해하지 못하는 부분을 설명하기 위해 존재하는 분이 아닙니다. 신화와 이성 사이에서 그리스도교는 언제나 이성을 선택합니다. 신앙은, 이성이 하는 인간적 사고를 빛내 주어, 이성적이고 합리적이며 합당한 사고를 하게 합니다. 이에 대해 토마스 아퀴나스Thomas de Aquino 성인은 이렇게 설명합니다.

"이성의 빛과 신앙의 빛은 모두 하느님께로부터 나옵니다. 그러므로 이 두 가지는 서로 대립하는 것이 아닙니다."

하느님은 봉급을 주시는 분도, 체벌을 좋아하시는 분도 아닙니다

그렇습니다. 하느님은 좋은 것을 청하는 사람들의 기도를 받아 주십니다. 하느님은 모든 선의 근원이시기 때문입니다. 악은 분노를 낳습니다. 그러기에 하느님과 악은 양립할 수 없습니다. 악은 결코 하느님께 속한 것이 아닙니다. 그렇다고 하느님의 정의가 인간의 방식으로 이루어지는 것 또한 아닙니다. 물론 이 말이 하느님이 정의롭지 않으시다는 뜻은 아닙니다. 그분은 악을 심판하는 분이신 동시에 자비로우신 분입니다. 그분은 악에서 선을 찾아내십니다. 마치 그리스도의 십자가에서 그러한 표지를 발견하도록 해 주시는 것처럼 말입니다.

그러면 하느님은 누굴까요? 그분은 전능하신 분입니다

처음에 우리는 의문에서 출발했습니다. 다시 그 의문으로 되돌아가 봅시다. 앞에서 우리가 바치는 기도문의 형식이 잘못되었다고 한 부분을 좀 더 살펴보려는 것입니다. 하느님의 전지전능함을 올바로 이해하기 위해서 우리는 우리가 펼친 상상의 날개를 접어야 합니다. 즉, 하느님의 전능함에 대해 우리가 가진 환상을 없애야 합니다. 경쟁과 향락만을 추구하는 오늘날의 세상이 우리의 이러한 환상을 부추기고 자극한다는 것을 하느님은 잘 아십니다. 만일 우리가 하느님을 우리의 환상에 끼워 맞추려고 애쓴다면 우리는 하느님이 아니라 지극히 인간적인 것만 만날 수밖에 없습니다.

그리고 우리가 만나게 되는 인간적인 것들 역시 인간이 만들어 낸 가장 좋은 것들은 아닐 것입니다. 우리가 꿈꾸는 하느님의 전능함은 우리의 환상과 자만, 그리고 교만으로 가득 차 있을 뿐입니다. 우리가 상상하는 하느님의 전능함은 실제 하느님과는 너무나도 거리가 멉니다. 우리의 환상 속에 있는 전능하신 하느님의 모습은 압제자, 독재자 그리고 폭군일 뿐입니다. 우리 주위에는 아직도 자신들의 권력을 위해 종교를 이용하고 이렇게 변질된 하느님의 모습을 이용하는 사람들이 많습니다.

그렇다면 하느님의 전지전능함은 과연 어떤 것일까요? 저는 가난한 이들을 위해 작은 공동체를 세운 한 수녀에게서 그 해답을 찾았습니다. 그 수녀는 이렇게 말했습니다.

"하느님의 전지전능함은 바로 그분의 현존을 통해서 가장 잘 드러납니다."

하느님은 '함께 있음'이십니다. 그분은 모든 것을 채우시는 분임에도 불구하고 그분의 자리를 차지하려고 이렇게 말씀하시지 않습니다. "내가 여기에 있어야 하니, 너는 다른 곳으로 가라."라고 말입니다. 프랑스와 바리옹 신부는 이런 하느님의 모습을 다음과 같이 묘사했습니다.

"하느님은 조용히 다가오십니다. 소리도 내지 않으십니다. 그리고 정말로 겸손하십니다. 그분은 보이지도 않으십니다."

이처럼 하느님은 자신을 온전히 내어 주심으로써 모든 것을 채우십니다. 그분은 선물이시며 그 선물 안에 담긴 힘입니다. 그분은 자유로운 사랑이십니다. 당신의 사랑으로 전지전능함을 내어 주고 나눠 주시는 그런 사랑 말입니다. 전지전능함은 바로 완전한 사랑을 의미합니다.

아마도 연인들은 사랑하는 사람이 멀리 떠나 있을 때 '함께 있음'이 어떤 것인지를 잘 알게 될 것입니다. 아무리 멀리 떨어져 있더라도 사랑을 통해 연인들은 서로 함께 있다고 느낍니다. 하느님의 전지전능함 역시 이와 같은 사랑과 보이지 않는 현존을 통해서 드러납니다. 이러한 하느님의 전능함은 눈에 보이지 않기에 우리에게는 더욱 겸허한 모습으로 다가옵니다. 하느님의 전능함을 움직일 수 있는 것은 하느님의 사랑을 받는 사람의 자유로운 응답뿐입니다. "예, 저는 믿습니다."라는 자유 의지에서 우러나오는 바로 그 응답 말입니다. 이는 하느님의 현존을 청하는 신앙에서 비롯됩니다.

신앙은 우리에게 하느님의 사랑을 불러일으킵니다.

"그렇습니다. 주님, 당신을 믿습니다."

또한 신앙은 전지전능하신 하느님의 사랑이 사람에게 작용하도록 해 줍니다.

"예, 주님. 저희는 당신을 믿습니다."

그러면 하느님이 오십니다.

"그렇습니다, 주님, 저희는 당신을 믿습니다, 저희의 신앙이 자라도록 도와주십시오."

사랑을 청하는 것, 이것이 바로 신앙인이 해야 할 가장 중요한 사명 가운데 하나입니다. 신앙인이 자신의 사명을 실천하고 그리스도 안에서 큰 신앙으로 일치를 이룬다면 하느님의 사랑이 온 인류에게 베풀어지고 하느님이 우리 안에 현존하실 것입니다.

천지의 창조주이신 하느님을 믿습니까?

이 질문에 대해서도 반론이 있을 수 있습니다. 그것은 바로 진화론과 창조론 사이의 갈등입니다.

"저는 성경의 창조 이야기를 믿지 않습니다. 오히려 빅뱅 Big Bang 이론이 더 미덥습니다."

한 젊은 견진 대상자로부터 이런 내용의 편지를 받은 적이 있습니다. 그리고 사목 방문을 할 때 한 초등학교 2학년 아이가 저에게 이런 질문을 했습니다.

"창세기와 다윈의 진화론을 어떻게 이해해야 하나요?"

이 어려운 질문이 혹시 그 아이가 아버지로부터 들은 이야기에서 나온 것인가 싶어 그 아이에게 몇 가지를 물어보았더

니, 이미 친구들에게 성경의 이야기와 진화론에 대해서 설명할 정도로 그 내용을 잘 알고 있었습니다.

저는 여기에서 성경의 창조 이야기와 다윈의 이론 간의 관계라든지 과학과 신앙의 대립이나 갈등에 대해 설명하지는 않겠습니다. 오히려 영靈과 마음에서 나오는 영적인 자세의 필요성에 대해 말하고 싶습니다. 이런 것들이 우리를 창조주 하느님의 신비로 이끌어 주는 지혜이기 때문입니다. 성경에 나타나는 창조 신앙은 우상 숭배에 대한 예방 접종과 같은 것입니다. 악마처럼 자신의 능력을 지나치게 드러내거나 자신의 손으로 이룩한 업적들을 찬양하려는 인간의 자만심을 경계하도록 해 주기 때문입니다.

인간은 하늘과 땅, 보이는 세계와 보이지 않는 세계라는 서로 다른 현실에 전혀 다른 두 가지 자세를 취합니다. 하나는 그것들을 자신만의 것으로 소유하려는 자세입니다. 그래서 이 세상의 모든 것들이 전부 자신을 위해 존재한다고 생각하고 그것들을 자신만을 위해 모두 사용해 버립니다. 또 다른 자세는 매 순간 이 모든 것이 은총이며 누군가 나에게 준 선물이라 여기고 감사히 받아들이는 자세입니다. 잘 생각해 보기 바랍니다. 쾌락의 유혹은 언제나 강합니다. 다 써 버리라고 우리를 부추깁니다. 마치 우리의 삶이 이제 곧 끝날 것처럼 말입니다. 쾌락은 이처럼 우리를 소비의 도구로 전락시키고 맙니다.

"창조주 하느님을 저는 믿습니다."라고 고백한 사람은 하늘과 땅을 하느님이 우리에게 주신 선물이라고 여기고 기쁘게 받아들입니다. 그 사람은 하느님의 선물에 감사드리며 경탄합니다. 실상 인간은 아름다운 우주를 만들어 내지 못합니다. 또한 인간이 아무리 자만심을 갖고 잘난 척하더라도 절대로 창조주이신 하느님의 경쟁 상대가 될 수 없습니다. 아시시의 프란치스코 성인은 이렇게 노래했습니다.

"형제인 태양과 누님인 달은 하느님을 찬미하여라."

그렇지만 여전히 의문이 남습니다.

"하느님은 왜 세상을 창조하셨을까요?"

우리는 이 질문에 명확한 답을 할 수 없습니다. 세상 창조는 하느님이 드러내신 최상의 '자유 의지에 관한 신비'이기 때문입니다. 예수 그리스도는 우리에게 하느님이 당신의 영광을 위해서 세상을 창조하셨다고 가르쳐 주셨습니다. 그러나 오직 영광만을 위한 영광이거나 하느님께서 당신의 상속자나 후손에게 그 영광을 드러내시기 위한 것은 아닙니다. 인간은 결코 하느님의 뜻을 가늠하거나 그 뜻의 깊이를 측정할 수 없습니다. 그렇지만 우리는 하느님을 위해 모든 것이 창조되었다는 것을 믿습니다. 또한 로욜라의 이냐시오 성인이 말했던 것처럼 '하느님의 더 큰 영광을 위해서' 이 모든 것이 창조되었다는 것도 믿습니다. 하느님이 세상을 창조하신 이유는 매우 간단합니다. 사랑하기 위해서입니다.

그렇다면 우리는 어떻게 하느님이 드러내신 자유 의지의 신비 속으로 들어갈 수 있을까요? 바로 하느님의 외아들 예수님이 스스로 십자가의 수난과 죽음을 선택하고 겪으셨던 순간에 참여함으로써 그 신비를 깨달을 수 있습니다. 예수님이 선택하신 가장 자유로운 의지 행위를 통해 하느님의 신비는 베일을 벗고 우리 앞에 드러납니다. 이 사건을 통해 우리는 세상의 모든 역사와 인식을 변모시키기 위해 오신 창조주 하느님의 사랑을 깨닫게 됩니다. 이는 존재에 대한 깨달음이자 출생에 대한 깨달음, 그리고 자신의 시작과 끝에 대한 깨달음입니다. 그러므로 그리스도인은 자신이 하느님의 사랑으로 인해 태어났음을 깨닫고, 창조주 하느님의 사랑이 무엇인지를 알고 있다고 신앙을 통해서 고백해야 합니다. 이 모든 것이 우리가 진정한 인간이 되도록 해 줍니다.

보다 깊이 들여다보기

▎읽기

사도신경 전체를 천천히 읽어 보십시오.

사도들과 교회가 주는 선물로 신경을 받아들이십시오.

아니면 하느님의 신비로 신경을 받아들이십시오.

그런 다음 신비의 지혜에 닿을 수 있도록 하느님에게 은총을 청하십시오.

"예, 주님, 저는 당신을 믿습니다. 선조들이 간직했던 신앙의 지혜에, 사랑이신 당신 신비의 지혜에 닿을 수 있도록 이끌어 주십시오. 어둠 속에서 헤매는 이들에게 신앙을 주십시오."

▎질문하기

스스로에게 물어보십시오.

나에게 있어서 하느님은 누구신가?

나는 하느님을 어떻게 느끼고 있는가?

나는 어떤 모습의 하느님을 믿을 수 없는가?

▌다시 찾기

사도신경의 다음 단어들을 다시 한 번 찾아보십시오.

'아버지', '전능하신 분', '창조주'

개인적으로 묵상한 후 신경의 단어들이 내 안에 울려 퍼지게 하십시오.

그런 다음 묵상과 나눔을 적으십시오.

▌나누기

앞에서 했던 작업들에 대해 공동체의 다른 사람과 이야기해 보십시오.

어떤 생각과 의문을 갖고 있으며 믿기 어려운 것은 무엇인지에 대해서도 나누십시오.

믿고 이해하는 것에 대한 기쁨도 중요하지만 신경의 단어들이 하느님의 신비를 더욱 밝게 비춰 주는 데서 오는 기쁨도 잊지 말고 나누십시오.

▍묵상하기

성경을 읽고 묵상하십시오.

예수님이 세례받으신 이야기를 통해 우리는 모든 인간에게 들려주시는 하느님의 목소리를 다시 듣게 됩니다.

"너는 내가 사랑하는 아들, 내 마음에 드는 아들이다."(마르 1,11)

예수님은 하느님에게 아름다운 찬미의 기도를 이렇게 드리십니다.

"아버지, 하늘과 땅의 주님, 지혜롭다는 자들과 슬기롭다는 자들에게는 이것을 감추시고 철부지들에게는 드러내 보이시니, 아버지께 감사드립니다. 그렇습니다. 아버지! 아버지의 선하신 뜻이 이렇게 이루어졌습니다."(마태 11,25-26)

2장

외아들 우리 주 예수
그리스도님,
성령으로 인하여
동정 마리아께 잉태되어
나셨음을 믿나이다

신경은 우리의 역사입니다

 신경이 하나의 이야기라는 것을 알고 있습니까? 신경은 우리에게 끊임없이 역사를 들려주는데 이는 다름 아닌 인간의 역사입니다. 우리의 신앙은 추상적인 것이 아니며 하느님에 관한 어떤 관념을 믿는 것도 결코 아닙니다. 우리는 무엇보다 한 분을 믿습니다. 다시 말하면 우리의 신앙은 역사상 유일한 어떤 분에 대한 것이며, 그분의 역사가 이제 우리의 역사가 되었다는 것을 신경이 말해 줍니다.

 조금 더 살펴보도록 하겠습니다. 앞서 말했듯이 신경은 온전한 하나의 이야기입니다. **신경의 핵심**은 한 분에 대한 역사입니다. 그분은 시간을 초월한 분이 아니라 우리처럼 인간 세상에 속한 분이었습니다. 더 구체적으로 말하자면 본시오 빌라도가 유다 지방의 로마 총독으로 있었을 때 살았던 사람입니다. 신경의 이 주인공은 우리 모두처럼 사람으로 태어나 사람으로 죽었습니다. 그러나 이분의 시작과 끝, 즉 그의 잉태와 죽음을 향한 삶의 총체적 여정으로 인해 이분은 특별한 분이 되었습니다. 이분은 성령으로 인하여 잉태되었습니다. 이것이 바로 신경에 나오는 이분 이야기의 시작입니다. 이분은 죽은 후 부활하여 하늘로 올라갔습니다. 이것이 이분에 관한 이야기의 끝입니다.

정말로 특별한 분이 아닐 수 없습니다. 시간이란 것이 이분으로부터 시작되었습니다. 인간이 만든 역사의 달력도 이분으로부터 시작되어, 이분이 태어나기 전과 후로 구분됩니다. 우리가 흔히 기원 전, 기원 후[1]라고 구분하며 역사를 말할

---

1. 기원전의 약자는 B.C.(Before Christ)라는 영어로 이는 '주님께서 태어나시기 전'이란 뜻이고 기원후의 약자는 A.D.(Anno Domini)라는 라틴어로 이는 '주님께서 오신 뒤'라는 뜻이다.

때, 이와 같은 전·후의 구분은 이분, 즉 그리스도의 탄생 이전과 이후를 뜻합니다. 또한 이분은 흔히 그리스도교 시대라고 부르는 시기의 시작이기도 합니다. 신앙적으로 볼 때 인간 역사의 시작과 끝은 바로 이분의 시작과 끝과 같습니다. 이 사실을 믿습니까? 정말로 이 특별한 분을 믿을 수 있습니까? 또한 이분이 진정 하느님으로부터 나신 분이라는 것을 믿을 수 있습니까?

이처럼 이분에 관한 이야기의 처음이 역사의 시작입니다. 신경 역시 기원에 대해 말합니다. 삶의 기원, 세상의 기원, 우주의 기원 그리고 하늘과 땅의 기원 말입니다. 우리가 보고 알 수 있는 모든 것과, 보지는 못하지만 선험적으로 알 수 있는 모든 것은 바로 창조주 하느님으로부터 시작됩니다.

여러분은 이 사실을 믿습니까?

이것이 우리가 앞서 살펴보았던 첫 번째 교리 교육의 내용입니다. 하느님은 우리의 기원이시고, 우리의 아버지이시며 창조주이십니다.

말했다시피 이분에 관한 이야기의 마지막은 역사의 끝입니다. 신경도 우리 역사의 마지막에 대해 이야기합니다. 그러나 그 마지막은 끝나지 않는 종말이며 그것을 바로 영원이라고 부릅니다. 인간의 눈으로 볼 때 죽음은 참담합니다. 인간이라면 그 누구도 다시 살아날 수 없습니다. 그래서 죽음은 언제나 인간 삶의 마지막을 뜻합니다. 그러나 저 세상의 삶을 생각한다면, 삶의 마지막인 죽음 앞에서도 우리는 희망을 가질 수 있습니다. 이 사실을 믿습니까? 우리 삶이 끝나지 않는다고 하는 이 신경의 이야기를 믿습니까? 이 질문에 대해서는 마지막 장인 '영원한 삶에 대한 약속' 부분에서 다시 한 번 이야기하겠습니다.

하느님으로부터 나신 예수님

사도신경은 이렇게 고백합니다.

"전능하신 천주 성부…… 그 외아들 우리 주 예수 그리스도님 성령으로 인하여 동정 마리아께 잉태되어 나시고……."

우리는 이제 그리스도교 신앙의 핵심이자 그리스도교의 본질을 이루는 진리 앞에 서 있습니다. 바로 '강생의 신비', 즉 '하느님이 사람이 되셨다et homo factus'는 진리입니다.

사실 신경을 구성하는 형식은 여러 측면에서 볼 때 약간 난해합니다. 그 가운데 하나가 신경을 다양하게 해석할 수 있다는 점입니다. 그래서 신경을 축소하려는 시도가 자주 있었습니다. 그것은 인간적 지성으로는 신神의 영역을 이해할 수 없는 것처럼, 신경을 우리 생각의 틀에 맞추어 축소시켜 이해하려 한 것입니다. 그러나 축소하면 할수록 그것을 훼손하거나 파괴하는 과오를 범하게 됩니다. 왜냐하면 축소시키면 그 원천이 은폐되어 단순히 원천의 그림자만을 보게 되는 데 그치기 때문입니다.

4세기부터 교회는 이러한 신앙의 핵심을 공격하는 이단에 맞서 올바른 신앙을 정립해야 할 필요성을 느낍니다. 그래서 여러 차례 공의회가 열렸고, 좀 더 발전한 형태의 신경이 탄생합니다. 이 새로운 신경은 공의회가 열렸던 두 도시의 이름을 따서 '니케아-콘스탄티노플 신경Sybolum Nicaeno-Constantinopolitanum'이라 부릅니다. 두 가지 형태의 신경(사도신경과 니케아-콘스탄티노플 신경)을 여러분이 직접 비교해 보기 바랍니다. 그렇게 하면 4세기의 교회 신앙 고백에서 나온 주제인, '강생하신 말씀의 신비'를 분명히 찾을 수 있을 것입니다.

"그 외아들 우리 주 예수 그리스도님 성령으로 인하여 동정 마리아께 잉태되어 나셨음을 저는 믿습니다."를 중심으로 다음의 세 가지 질문을 하겠습니다.

- 예수님은 실제로 존재하셨을까요?
- 예수님이 성령으로 잉태되셨다는 것을 믿습니까?
- 예수님이 동정녀에게서 태어나셨다는 것을 믿습니까?

예수님은 실존하셨던 분일까요?

요셉은 천사로부터 "그 아이의 이름을 예수라고 하여라."(마태 1,21 참조)라는 메시지를 전해 받습니다. 그는 환시를 통해 마리아에게서 태어난 아이에게 이름을 지어 주는 사명을 하느님으로부터 부여받은 것입니다. 요셉은 천사의 말대로 아이에게 예수라는 이름을 지어 줍니다. 이 이름은 히브리어로 '요수아Yosua', 즉 '야훼(하느님)는 구원이시다'는 뜻입니다. 이 이름을 통해 우리는 이미 하느님의 신비 속으로 들어가게 됩니다. 이 아이가 바로 세상의 구원자이기 때문입니다.

그리스도인은 신경에서 그를 '만물의 주님'이시고, '하느님의 외아들'이시며, '세상의 구원자'라고 선포합니다. 바로 이 세 단어를 통해서 그리스도인의 신앙이 가장 잘 드러난다고 할 수 있습니다.

초등학교 6학년 아이가 자기의 역사 선생님이 해 주었다며 들려준 이야기가 기억납니다. 그 교사는 아이들에게 예수님은 절대로 십자가에 못 박히지 않았고, 다만 예수님의 제자들이 사람들로 하여금 예수님의 부활을 믿게 하려고 무덤에서 예수님의 시신을 빼낸 것이라고 말했답니다. 그렇습니다. 예수님의 부활에 대한 반론은 이미 복음서(마태 28,13 참조)에도 나와 있습니다. 그러나 저에게는 그 교사의 반론이 더 위험해 보였습니다. 왜냐하면 그는 예수님이 십자가에 못 박히셨다는 역사적 사실 자체를 의심하고 있기 때문입니다. 이는 예수님의 존재 자체까지도 의심하는 것이 될 수 있습니다.

그렇다면 과연 예수님은 실존하셨을까요? 이 질문은 역사에 대한 인식이 생겨난 이후부터 줄곧 논란거리였습니다. 교회는 이 문제를 매우 신중하게 다루어 왔습니다. 19세기 전반에 걸쳐 이에 관한 커다란 논쟁도 있었습니다. 어떤 학자들은 예수님의 삶 전체가 하나의 '태양 신화'에 불과하다고 주장하기도 했습니다. 이들의 주장에 따르면, 모든 별은 동방에서 떠올랐고 열두 사도는 황도 12궁[2]을 상징한다는 것입니다. 이와 비슷한 주장을 본 적이 있습니다. 잡학 사전 같

---

2. 황도대를 30° 폭으로 등분한 12천역 부분. 또는 이 천역 12궁의 명칭을 딴 12개의 별자리.

은 책이었는데, 그 내용은 나폴레옹이 존재하지 않았다는 것이었습니다. 왜냐하면 나폴레옹 역시 해가 뜨는 동쪽 섬에서 태어났고, 해가 지는 서쪽 섬에서 죽었으며, 그 역시 12명의 장군을 데리고 있었기 때문이라는 것이지요. 즉 잘 짜인 신화에 불과하다는 이야기입니다. 그러나 19세기 이후부터 진행된 고고학 연구를 통해 예수님 실존에 대한 의문은 사라졌습니다.

그러나 그리스도인에게는 이러한 의문보다 더 중요한 것이 있습니다. 그리스도인이 신앙을 갖는 목적이 무엇일까요? 그 목적은 예수님이 존재하셨다는 사실 때문이 아니라, 예수님이 인간 역사에 드러내신 상징성과 의미 때문이라는 것을 기억해야 합니다. 그렇습니다. 예수님은 분명하게 존재하셨던 분이십니다. 그리고 그분은 진실로, 진실로 한 인간이셨습니다. 그분은 우리처럼 인간의 역사 속에 계셨던 분입니다. 예수님은 잉태되고 태어나셨으며 고통을 받고 죽으셨습니다. 신경에 나오는 본시오 빌라도의 판결이 바로 예수님이 인간 역사 속에 존재하셨다는 사실을 증명하며, 예수님이 한 인간으로서의 삶을 살아가셨음을 보여 주는 증거입니다. 우리가 인간이셨던 예수님을 믿기로 결정했다면, 우리에게 예수님은 이제 유일한 분이 되십니다. 그분은 하느님의 외아들이고 우리의 주님이십니다. 인간 예수님은 하느님으로부터 나신 분이십니다.

예수님은 하느님으로부터 나신 분

사도신경에 예수님이 하느님으로부터 태어나셨다는 직접적인 표현은 없습니다. 그러나 다음과 같은 아주 간결한 표현이 있습니다.

"성령으로 인하여 동정 마리아께 잉태되어 나시고."

이는 바로 우리 주님이신 예수 그리스도에 관한 내용입니다. 주님은 바로 부활하신 분을 의미합니다. 우리는 이 사실을 잊지 말아야 합니다. 우리 신앙의 핵심은 바로 주님의 부활이기 때문입니다. 그러므로 성경에 나타난 예수님의 탄생 이야기를 부활이라는 큰 틀에서 다시 한 번 읽어 보면 좋을 것 같습니다. 동방의 그리스도인들은 이러한 내용을 잘 이해했던 것 같습니다. 그들이 그린 이콘을 보면, 예수님의 탄생을 부활이라는 새로운 시각에서 아름답게 잘 묘사해 놓았습니다.

"하느님의 아드님은 열린 무덤에서 태어나셨습니다."

십자가상에 못 박혔고 하느님이 부활시키신 예수님, 예수님은 어떻게 태어나셨을까요?

성령으로 인해 잉태되신 예수님

알베르 자카르Albert Jacquard는 자신의 책에서 신경을 신랄하게 비판하면서 매우 극단적인 반론을 제기했습니다.

"예수가 진실로 남성인 한 인간이었다면, 유전 형질인 Y

염색체는 어디에서 온 것인가?"

  이 질문을 살펴보면 알베르가 무엇보다 성령으로 인한 잉태와 마리아의 동정성을 부정한다는 것을 잘 알 수 있습니다. 물론 과학이 이런 식의 질문을 제기하는 것 자체를 막을 수는 없습니다. 그렇지만 과학이 그저 신앙에 대해서 단순히 문제 제기만 하고 만다면 과학은 이러한 단어들이 암시하는 중요한 진리를 결코 찾아낼 수 없을 것입니다. 저는 여러분에게 이 문제에 대해 다른 설명을 하지는 않을 것입니다. 이 책에서 지향하는 것은 설명이 아니라 신앙의 신비를 묵상하는 것이기 때문입니다.

  교회는 우리를 '신앙 행위'로 초대합니다. 이 '신앙 행위'는 베들레헴 마구간에서 마리아가 낳은 한 아기의 탄생을 통해 하느님이 인간 역사에 매우 특별한 일을 하셨다는 것과 오직 하느님만이 이를 하실 수 있다는 믿음을 우리가 선택한다는 의미입니다. 이 일은 새로운 창조임과 동시에 새로운 시작을 의미합니다. 하느님의 이러한 놀라운 힘은 이성주의자들이 제시하는 인간 이성의 한계를 뛰어넘는 것입니다. 그들은 이렇게 주장합니다. "하느님은 단지 하느님이셔야만 한다. 다시 말해 하느님은 인간의 믿음이라는 틀 안에만 계셔야 한다!" 그러나 그리스도교는 이러한 주장을 여지없이 뛰어넘습니다. 교회는 인간이 자신의 이성만으로는 이해할 수 없는 하느님에게 자기 자신을 온전히 열도록 이끌어 주고, 하느님 빛의 영역을 인간 이성이 받아들일 수 있도록 열어 놓았습니다.

온전히 참하느님이시며 동시에 참인간이신 하느님은 이분적二分的인 인간의 믿음마저 뛰어넘으십니다. "하느님이 하느님이기 위해서는 영원하고 초월적인 하느님으로 남아 계셔야 한다. 그러기에 하느님은 인간의 형상을 취해도 안 되고, 인간의 역사에 들어와도 안 된다."라는 주장은 유다인이 지닌 신앙 형태입니다. 물론 그리스도교가 유다교에 뿌리를 두고 있기는 하지만, 그리스도교는 하느님에 대한 신앙을 더욱 깊게 가지며, 그 신앙을 '오랜 세월 감추어 두셨던 신비'(로마 16,25-26 참조)를 계시로써 밝혀 주었습니다.

이제 교회의 신경이 간직한 신비의 지혜 속으로 들어가 보겠습니다. 누가 사람이 되신 하느님의 아들을 잉태할 수 있겠습니까? 하느님의 창조 계획에 따라 완전한 인성을 취한 완전한 인간을 그 누가 잉태할 수 있겠습니까? 하느님이 아니면 누가 그 일을 할 수 있겠습니까? 그러므로 우리는 그리스도께서 성령으로 인하여 잉태되셨다는 것을 고백하면서, 이는 인간의 일이 아니라 하느님의 일이라는 것 또한 고백하지 않을 수 없습니다. 또한 성령은 은총의 원천이며 만물의 창조주이시라는 것을 고백하지 않을 수 없습니다. 그렇습니다. 하느님이신 인간을 잉태하는 것은 오직 하느님만이 하실 수 있는 일입니다. 이 점이 우리가 예수 그리스도를 통해 묵상해야 할 하느님의 계획입니다.

인간이 완전하신 하느님의 생각을 알아내려고 애쓴다면, 즉 하느님과 같아지려고 그분의 완전성을 인간에게 부여하려고 한다면 어떤 일이 일어나게 될까요? 그와 같은 시도를 했던 사람들을 살펴보겠습니다. 실제로 이러한 시도를 했던 사람들 가운데 한 부류는 신의 여인들이라 할 수 있는 여사제들과 관계를 맺었던 신화를 근거로 이를 구현해 보려고 했던 인간들입니다. 그러나 그것은 결국 세상에 의미와 안정성, 일관성을 부여하려고 했던 한낱 인간의 작품일 뿐이었습니다. 또 다른 부류의 사람들은 자신들을 신으로 승격시키면서 자신들에게 제사를 바치라고 사람들에게 강요했습니다. 그들은 자신만의 제국을 세우거나 스스로 신이 되어 통치하는 국가를 만들려고 했습니다. 신적 위치에 오르려고 했던 로마 황제 카이사르 아우구스투스가 바로 그런 경우입니다. 초대 교회 그리스도인들은 이런 카이사르를 경배하는 것을 거부했고, 그 대가로 모진 박해를 당하고 순교하기도 하면서 무척 고통스러운 삶을 살아야 했습니다.

자신들의 생각을 이상적인 것으로 변화시킨 사람들도 있습니다. 그들은 총체적 진리로서 인간성의 완성을 실현할 수 있다고 주장했습니다. 우리가 잘 알고 있듯이 그들은 현대사에서 잔인한 범죄를 저지른 전체주의를 태동시킨 장본인들입니다.

에덴동산에서 뱀은 하와에게 "너희는 하느님처럼 될 수 있다."(창세 3,5)라고 말했습니다. 그리스도인의 역사를 되돌아보면 그리스도인은 언제나 이러한 유혹에 시달렸습니다. 몇몇 그리스도인은 그 유혹의 덫에 걸려 넘어지기도 했습니다. 그러나 그때마다 그리스도인들은 자신들 삶의 근간이 되었던 하느님 말씀을 향해 돌아섰습니다. 말씀은 바로 그리스도인들의 원천이자 신앙이었기 때문이었습니다.

예수 그리스도는 "혈통이나 육욕이나 남자의 욕망에서 난 것이 아니라 하느님에게서"(요한 1,13) 태어나신 분입니다. 예수 그리스도는 성령으로 잉태되셨습니다.

알아들을 귀가 있는 사람은 알아들으십시오. 받아들일 마음이 있는 사람은 하느님의 가장 좋은 선물을 받아들이십시오. 보지 않고도 믿는 사람은 행복합니다. 우리는 신앙으로 우리가 이해할 수 없고 알아차릴 수 없는 최고의 것을 받아들입니다.

"하느님이 사람이 되셨습니다. 그분은 참하느님이시고 참

인간이십니다. 하느님이 아닌 인간이 이렇게 할 수 있다고 말하는 사람은 사기꾼입니다."

이제 우리에게는 이해하려는 노력이 필요합니다. 신앙으로 받아들인 예수님의 잉태에 관한 사실은 인간의 이성과 상충되는 것이 아닙니다. 오히려 반대로 이 잉태는 이성이 생각할 수 있는 것의 완벽한 완성이라고 말할 수 있습니다. 우리는 예수 그리스도에게서 이 완벽한 인간, 이 완성된 인간을 찾아볼 수 있습니다. 예수 그리스도는 절대적인 인간 지성이나, 천재적인 작가의 상상이나, 어느 종교 창시자의 의지에 의해서 잉태되신 것이 아닙니다. 또한 어떤 실수를 통해서나, 신화를 만들어 내려고 했던 욕망에 의해서 잉태되신 것도 아닙니다. 예수 그리스도는 바로 하느님으로부터 잉태되신 것입니다.

그렇다면, 어떻게 인간 역사에서 그런 일이 일어날 수 있었을까요? 신경은 이에 대한 해답을 들려줍니다. 예수 그리스도는 동정 마리아께 잉태되어 나셨습니다. 바오로 사도는 이렇게 강조했습니다.

"예수 그리스도는 한 여인에게서 태어나셨습니다."(갈라 4,4) 즉 육신을 취하신 하느님이 한 여인에게서 태어나신 것입니다.

동정 마리아께 잉태되신 예수님

여러분은 씨 뿌리는 사람의 비유(루카 8장 참조)를 잘 아실 겁니다. 이 비유를 통해 예수님은 하느님의 창조 사업에서 드러나는 그분의 진실함을 우리에게 알려 주십니다. 하느님의 진실함을 농부가 씨를 뿌리는 모습에 연결해서 생각한다면 금방 이해할 수 있습니다. 하느님은 예수님이 모든 말씀에서 늘 강조하셨던 '하느님 나라', 또는 '하늘나라'가 모든 사람에게 다가오도록 하기 위해서 당신의 창조적인 말씀의 씨앗을 계속 풍성하게 뿌리십니다. 그러나 사람들은 하느님의 말씀을 잘 받아들이지 않았습니다. 씨가 닫힌 마음이나 메마른 마음에 뿌려졌거나 교만한 영혼에 뿌려졌을 때, 그리하여 뿌리도 없고 깊이도 없는 땅처럼 삶이 피상적일 때, 재물에 대한 유혹과 물질적인 집착, 그리고 질투나 인색함이 가시덤불처럼 둘러싸고 있을 때, 악마의 교활한 술책이 영적인 경계심이 결여된 사람의 인식을 흔들어 놓을 때 하느님이 뿌리신 말씀의 씨는 인간의 삶 속에서 열매를 맺지 못하게 됩니다.

하지만 하느님은 마리아를 찾아내셨습니다. 마리아는 아름답고 좋은 땅이었으며, 하느님을 믿는 민족이 오랫동안 준비해 온 사람이었습니다. 마리아는 바로 예언자들이 선포했던 희망의 메시지가 새겨진 유다 여인이었으며 가난한 이와 미천한 이에게 약속된 메시아를 기다려 온 여인이었습니다. 새로운 이스라엘의 모습이 바로 마리아였습니다. 그리스도를 통해 이미 구원된 순결한 여인 마리아는 하느님 아버지의 씨가 뿌려질 땅이 되어, 거룩함과 신적 완성의 열매를 인류에게 전해 주었습니다.

하느님은 세상을 창조하셨고, 그 세상이 온전히 존재하도록 하기 위해 당신 자신을 세상에 보내셨습니다. 하느님 아버지의 영원한 사랑이 가장 완전하고 가장 순결한 인간의 잉태 즉 당신 아들을 통해 이루어진 것입니다. 그리스도는 이러한 하느님의 영원한 사랑에 순명하셨습니다. 그래서 그리스도는 하느님이시지만 하느님의 영원한 사랑을 위해 마리아를 통해 인간의 모습을 취하시고자 잉태되신 것입니다. 마치 말이 입에서 나오는 것처럼, 비와 눈이 땅을 풍요롭게 하기 위해 하늘에서 떨어지는 것처럼, 하느님은 당신의 창조 속으로, 그리고 인간의 역사 속으로 들어가기 위해 당신으로부터 나오셨습니다. 이것은 영적이며 창조적인 하느님의 작품이자 거룩하신 성령이 작용하신 것입니다. 이런 면에서 볼 때 마리아는 창조 사업을 기다리는 인류의 표상이고 하느님이 주도하신다는 것을 증언하는 교회의 신앙이며 조용하게 인내를 가지고 씨를 자라게 하기 위한 땅이었습니다.

성모님, 당신의 비밀을 알려 주십시오

"마리아는 이 모든 일을 마음속에 간직하고 곰곰이 되새겼다."(루카 2,19)

복음사가들은 마리아의 동정성에 대해 매우 신중한 자세를 취했습니다. 그렇기 때문에 그들은 마리아의 동정성에 대해 더욱 본질적인 내용을 전해 주었습니다. 그런 의미에서 그들의 증언은 매우 중요합니다. 우리는 복음서의 편집자들이 예수님의 어머니, 즉 성모 마리아에 관한 비밀을 알았을 것이라고 추측할 수 있습니다. 왜냐하면 그들은 마리아와 같은 시기에 살았던 사람들이기 때문입니다. 그들은 마리아가 보여 준 신앙 행위에 관해 증언합니다. 마리아의 신앙은 초대 교회 신자들의 신앙이었으며, 또한 오늘날 교회가 드러내 보이는 신앙 행위이기도 합니다.

루카 복음서를 통해 우리는 마리아의 믿음을 볼 수 있습니다. 그 믿음은 '불가능한 것에 대한 긍정'입니다. 인간적인 측면에서 보면 마리아가 하느님의 약속을 실현 불가능한 것으로 느꼈다고 생각할 수 있습니다. 그러나 그 약속이 창조주 하느님의 일이었기에 마리아는 믿었습니다. "어떻게 그런 일이 저에게 이루어지겠습니까?"(루카 1,34)라고 마리아는 묻습니다. 그렇습니다. 어느 누구라도 마리아처럼 자신이 생각하지 못한 것을 마주하거나 자신이 마음속으로 바라는 것을 만나거나, 또는 온 마음으로 기다리던 것을 마주하게 되면 마리아처럼 물을 것입니다. "성령께서 너에게 내려오실 것이다."(루카 1,35)라는 대답을 들은 마리아는 자신의 모든 것을 다해 이 말씀을 믿습니다. 그런 후 다음과 같이 고백합니다.

"말씀하신 대로 저에게 이루어지기를 바랍니다."(루카 1,38)

마리아의 삶은 그녀 안에서 엄청난 업적을 완성하시는 하느님을 찬양하는 찬미의 노래라고 할 수 있습니다.

"내 영혼이 주님을 찬송하고, 내 마음이 나의 구원자 하느님 안에서 기뻐 뛰노나이다."(루카 1,46-47)

루카와 달리 마태오 복음사가는 위에서 언급된 이야기의

맥락을 요셉을 통해 이어갑니다. 이는 다름 아닌 요셉의 약혼녀인 마리아 안에서 하느님이 이루시려는 창조 사업에 대한 증언입니다.

"두려워하지 말고 마리아를 아내로 맞아들여라. 마리아의 몸에 잉태된 아기는 성령으로 말미암은 것이다."(마태 1,20)

우리는 복음사가들의 이 증언을 믿습니다. 모든 증언은 그것을 기록하고 들었던 사람들이 전해 주는 신앙이기 때문입니다. 이 증언에 입각한 신앙은 역사에 기록되었으며, 사실에 기초합니다. 이 사실들이 과학 영역에서는 증명되기 어렵다고 해도 우리 신앙인에게는 커다란 의미를 전해 줍니다.

위에서 제기했던 두 가지 질문에 대한 답을 정리해 보겠습니다. 신경에서 언급하는, 신비롭고 이해하기 어렵지만 비이성적이라고 할 수만은 없는 동정녀의 잉태를 우리가 받아들인다면, 동정녀의 잉태가 교회의 신앙에서 어떤 의미를 지니는지 깨달을 수 있을까요? 그렇다면 우리는 무엇을 믿어야만 할까요?

참하느님이며 참인간이신 예수님은 성령으로 잉태되셨습니다. 동정녀에게 잉태되심을 믿는다는 것은 인간의 힘으로 역사를 완성할 수 없다는 사실을 인식한다는 의미입니다. 역사의 완성은 하느님이 이루실 수 있으며, 오로지 창조자이신 성령을 통해 이루시는 하느님의 업적이기 때문입니다.

참하느님이며 참인간이신 예수님은 동정 마리아에게서 태어나셨습니다. 마리아의 동정성에 대한 신앙은 다름 아닌 새로운 인간을 창조하신 하느님이 절대적 주도권을 가지고 계심을 증언하는 것입니다. 우리는 이에 대한 증인들입니다. 신앙과 신앙 행위를 통해 우리는 증인이 되어야 하고, 하느님과 인간에 관한 진리 탐구를 통해 우리가 전해 받은 증언을 믿겠다고 결심해야 합니다. 그 어느 것도 우리를 그리스도의 사랑으로부터 갈라놓을 수 없습니다(로마 8,35 참조). 왜냐하면 우리는 하느님으로부터 오시고, 하느님으로부터 나셨고, 참하느님으로부터 나신 참하느님이시며, 참하느님인 동시에 참인간이신 그리스도를 잘 알기 때문입니다.

우리는 하느님의 계획을 인간에게 드러내고 실행하며 완성하기 위해 오신 그리스도, 그분을 믿습니다. 우리가 모든 것을 다 알 수는 없지만, 신앙을 위해 이 사랑의 신비를 찾아보려는 호기심 많은 탐험가가 되기로 다짐해 봅시다. 신앙은 우리를 탐구자로 만들어 줍니다.

신앙으로 우리는 우리 삶의 모든 의미를 발견하게 됩니다. 탐구자인 신앙인은 하나의 열쇠를 얻게 되는데 그 열쇠로 문을 열게 되고 열린 문을 통해 하느님의 빛이 자신의 삶으로 들어오는 것을 느끼게 됩니다. "저는 믿습니다."라고 고백하는 것은, 어떤 중요한 의미와 그 의미의 충만함을 깨닫는 것입니다.

"예, 주님. 저는 믿습니다. 그렇지만 당신께 대한 신앙이 커지도록 저를 이끌어 주소서."

신경에서 이해하기 어려웠던 두 문장(예수 그리스도는 성령으로 잉태되셨고, 동정 마리아에게서 태어나셨다)에 관한 묵상을 정리하면서, 짧은 이야기를 하나 들려줄까 합니다. 한 교리 교사가 아이들에게 교리 교육을 할 때 체험한 이야기입니다.

그 교사는 안드레이 루블료프Andrey Rublyov가 그린 삼위일체 이콘을 아이들에게 보여 주면서 교육을 했습니다.

"여러분, 이 그림에서 어떤 것이 보이나요?"

"하느님이요."

"왜요?"

"왜냐면요, 빛이 있어서요."

"아니야, 예수님이야."

어떤 아이가 이렇게 말하며 끼어들었습니다. 그러자 교리 교사가 궁금해하면서 물었습니다.

"왜 예수님이에요?"

그 어린이는 이렇게 대답했습니다.

"왜냐면요, 만약에 그게 하느님이라면, 우리 눈이 부셨을 거예요."

아이들이 참 귀엽지 않습니까? 하느님은 신비로운 사랑의 빛을 비추시면서 우리와 만나고자 하는 원의를 끊임없이 드러내십니다. 동정녀의 잉태는 바로 빛의 신비입니다. 우리는 이 신비를 우리의 신앙으로 받아들입니다. 그리고 우리의 가슴과 지성은 그 신비를 탐구하는 것을 앞으로도 멈추지 않을 것입니다.

보다 깊이 들여다보기

▌나누기

다음 성경 말씀들을 읽어 보십시오.
그리고 하느님의 말씀을 서로 나누십시오.

예수님의 탄생 예고(루카 1,26-38)

예수 그리스도의 탄생(마태 1,18-25)

요한 복음서 제1장(요한 1, 1-51)

에페소 신자들에게 보낸 서간에서의 찬가(에페 1,3-14)

다음 바오로 사도의 신앙 고백도 읽어 보십시오.

"때가 차자 하느님께서 당신의 아드님을 보내시어 여인에게서 태어나 율법 아래 놓이게 하셨습니다. 율법 아래 있는 이들을 속량하시어 우리가 하느님의 자녀 되는 자격을 얻게 하시려는 것이었습니다."(갈라 4,4-5)

이 성경 말씀들, 특히 신약 성경의 말씀들은 우리의 신앙 고백이 뿌리내리도록 도와줄 것입니다.

기도하기

삼종 기도를 바치십시오.

성모 마리아의 중재로, 믿을 수 있는 은총과 이해할 수 있는 은총, 그리고 신앙의 신비가 지닌 고귀함에로 들어갈 수 있는 은총을 청하십시오.

주님의 천사가 마리아께 아뢰니

성령으로 잉태하셨나이다. (성모송)

주님의 종이오니

그대로 제게 이루어지소서. (성모송)

이에 말씀이 사람이 되시어

저희 가운데 계시나이다. (성모송)

천주의 성모님, 저희를 위하여 빌어 주시어

그리스도께서 약속하신 영원한 생명을 얻게 하소서.

기도합시다.

하느님, 천사의 아룀으로

성자께서 사람이 되심을 알았으니

성자의 수난과 십자가로

부활의 영광에 이르는 은총을

저희에게 내려 주소서.

우리 주 그리스도를 통하여 비나이다.

아멘.

3장

사흘날에
죽은 이들 가운데서
부활하심을 믿나이다

"예수님은 죽은 이들 가운데서 부활하셨습니다."

여러분은 이 사실을 믿습니까? 신앙인들, 특히 신심 깊은 신앙인들 중에도 그리스도의 부활을 믿지 않는 사람이 있다고 합니다. 그러나 우리는 바오로 사도가 다음과 같이 한 말을 기억해야 합니다.

"그리스도께서 되살아나지 않으셨다면, 우리의 복음 선포도 헛되고 여러분의 믿음도 헛됩니다."(1코린 15,14)

부활은 그리스도교 신앙의 초석입니다. 부활이 없으면 그저 하나의 사상이나 인본주의에 그치고 말 것입니다. 우리는 이제 신경에 관한 교리 교육 가운데 가장 중요한 원천에 이

르렀습니다. 이 부분은 신앙에 관한 모든 것을 비추어 주는 근원이 될 것입니다.

앞에서 읽었던 성경 이야기를 다시 상기해 봅시다.

예수 그리스도는 성령으로 인하여 동정 마리아께 잉태되어 나셨습니다. 이 이야기는 예수님의 탄생에 관한 이야기입니다. 그리고 "본시오 빌라도 통치 아래서 고난을 받으시고 십자가에 못 박혀 돌아가시고 묻히셨습니다."라는 이야기는 예수 그리스도의 마지막 모습을 말해 줍니다. 그리스도의 탄생과 죽음 사이에서 신경은 우리에게 하나의 중요한 사실을 전해 줍니다. 그것은 바로 예수 그리스도가 몸소 고난을 받으셨다는 사실입니다. 이 표현은 예수님의 삶이 어떠했는지 분명하게 드러내 줍니다.

여기서 강조하고 싶은 것은, 예수님이 본시오 빌라도 통치 아래서 고난을 받으셨다는 사실입니다. 빌라도는 이런 일들이 일어나리라고 상상하지 못했을 것입니다. 게다가 자신의 이름이 2000년에 걸쳐 이렇게 많은 사람들의 입에 회자될 것이라고는 더욱더 생각하지 못했을 것입니다. 그리스도교는 초세기 유다 지방 로마 총독의 이름을 통해 인류의 진정한 역사 안으로 분명하게 들어섭니다. 이로써 예수님의 삶과 죽음이 결코 거짓이 아니고 이 두 가지 진실이 한 시점이자 같은 공간에서 일어났던 역사적 사실이라는 것이 보다 더 확실해집니다.

"고난을 받으시고 십자가에 못 박혀 돌아가시고 묻히셨습니다."

이 간결한 문장만으로 다른 어떤 일이 있었는지 자세히 알기는 어렵습니다. 단지 '십자가에 못 박히셨다'는 지극히 단순한 표현만이 예수님의 고난과 죽음을 알려 줄 뿐입니다. 사실 초대 그리스도인에게 있어서 신앙을 선포한다는 것, 그것도 예수 그리스도의 십자가를 통해 자신들의 신앙을 선포한다는 것이 얼마나 힘들고 큰 용기가 필요했는지 우리는 상상조차 하기 어려울 것입니다. 그리스도교 초기에 '그리스도인'이라 함은 비웃음, 조롱, 어리석음의 대명사였습니다. 고대 로마의 벽화 가운데는 당나귀 머리를 한 채 십자가에 매달려 있는 사람에게 경배를 하는 한 남자의 모습을 묘사한 그림이 있습니다. 십자가가 그리스도교 신앙에서 공적인 경배의 상징으로 자리 잡는 밀라노 칙령(313년) 때까지 무려 300년의 시간이 걸렸습니다. 그러니 그리스도인들에게 반대와 조롱 그리고 박해가 300년이나 이어졌던 것입니다. 그러나 역설적으로 그리스도교 신앙은 오랫동안 순교자들의 신앙을 통해서 더 진실해졌고 강해졌습니다.

신경의 이 대목은 긴 세월에 걸쳐 이루어진 것입니다. 예수 그리스도가 십자가 위에서 받으신 수난과 죽음은 인간적인 측면에서는 아무런 의미가 없습니다. 수난과 죽음은 그 자체로는 차마 눈 뜨고 볼 수 없는 비참한 광경일 뿐입니다. 복음서를 보면 예수님과 가장 가까웠던 제자들조차 예수님이 수난하고 죽으시는 순간에 나타나지 않았다는 것을 알 수 있습니다. 그들은 그리스도의 수난과 죽음을 이해하지 못했기에 겁을 먹었고 예수님의 신성을 의심했습니다. 온 세상을 구원할 메시아가 이렇게 쉽게 십자가에 매달려 비참하게 죽어 가지는 않을 것이라고 믿었을 것입니다. 예수님의 십자가가 의미를 갖게 되고 그리스도교 신앙의 핵심으로 여기게 된 것은 다름 아닌 '부활'이라는 빛이 있었기 때문입니다.

다음 문장을 잘 생각해 봅시다.
"예수 그리스도는 저승에 가셨고, 부활하셨으며, 하늘에 오르셨습니다."

우리는 이 내용을 잘 알고 있습니다. 예수님이 수난을 받으시고 십자가에 매달려 죽으셨고, 무덤에 묻히셨다는 그 사실을 지켜본 증인들이 있었기 때문입니다. 그들은 고통을 받고, 죽고, 묻혔던 한 인간의 모습을 보았고 그 사실을 우리에게 전해 주었습니다. 예수님이 저승에 내려가시고 부활하시어 하늘에 오르셨다는 증언들은 그리스도교 신앙이 전해 주는 감춰진 신비 속으로 우리를 인도해 줄 것입니다.

저승에 내려가신 예수님

먼저, '저승'이란 단어에 대해 살펴봅시다. 유다인의 개념과 성경의 언어에서 저승은 '죽은 이들이 머무는 곳'을 의미합니다. 히브리어로 저승을 '셰올Sheol'이라고 하는데, '땅 밑의 세계'라는 뜻입니다. 이것은 생명이 없는 곳, 아무도 기억해 주지 못하는 곳, 산 이와의 완전한 단절, 영원한 고독, 감옥, 자폐, 사랑을 향해 자신을 열지 못함, 완전한 매장 등으로 달리 표현할 수 있습니다. 그렇다면 저승은 절대적으로 무가치한 것일까요? 꼭 그렇지는 않습니다. 왜냐하면 죽은 이들은 계속해서 삶과 죽음의 주관자이신 하느님을 기다리며 살기 때문입니다. 그러므로 저승은 죽은 이들이 자신들을 구원해 주실 구원자를 기다리는 장소라고 할 수 있습니다.

예수님이 저승에 내려가셨다는 사실은 다음 세 가지 의미를 가집니다.

첫째, 자신을 한없이 낮추셨던 예수님이 마지막으로 자신을 더 낮추시는 모습을 우리가 묵상할 수 있도록 이끌어 줍니다. 사실 예수님은 죽음보다 더 낮아지셨습니다. 단순한 낮아짐이 아닌, 가장 낮은 곳을 향해 내려가셨다는 뜻입니다. 그분이 가신 길은 저승입니다. 가장 낮은 곳으로 가기 위해 굴욕의 길을 따라 내려가신 것입니다. 하느님의 아들이고 메시아지만, 아버지의 뜻에 순명하시어 저승까지 인간과 함께하신 것입니다. 이 부분에 대해 묵상해 봅시다. 그렇습니다. 우리가 신경을 통해 예수님이 저승에 내려가셨다고 고백하는 것은 인간의 역사에서 하느님의 현존이 없는 곳은 하나도 존재하지 않는다고 고백하는 것입니다. 하느님은 사랑의 끝이라고 말할 수 있는 곳 즉, 혐오스럽고 증오스러운 곳까지 내려가셨습니다. 이것이 바로 하느님의 전능함입니다. 그분은 모든 것을 채우십니다.

둘째, 부활의 빛을 통해 예수님이 저승에 내려가신 모습을 묵상할 수 있습니다. 그리스도가 저승에 내려가신 것 자체가 이미 부활의 빛으로 빛나고 있습니다. 저승에 내려가셨다는 것은 바로 그리스도가 당신의 죽음을 통해 인간에게 기쁜 소식을 가져다주셨다는 뜻입니다. 예수님은 죽음에서 우리를 구원해 주시는 구원자이십니다.

끝으로 그리스도가 저승에 내려가셨다는 것은 죽음과도 같은 고독의 사슬을 끊어 버리셨다는 의미입니다. 앞에서 말한 것처럼 저승이 고독, 자폐, 매장, 사랑을 향해 자신을 닫아 버림 등을 의미한다면, 그리스도는 십자가 위에서 하느님에게 버림을 받으셨던 것과 똑같은 고독을 당신 스스로 짊어지셨습니다. 그리고 저승에 가시어 고독의 사슬을 끊고 몸소 우리를 해방시켜 주신 것입니다.

예수님이 저승에 가시는 장면을 묘사한 아름다운 이콘이 있습니다. 그 이콘에서 흰 옷을 입으신, 부활하신 예수 그리스도는 영원한 어둠 속에 갇혀 버린 죽은 이들을 해방시키기 위해 저승에 내려오셔서 그들을 영원한 빛으로 이끄십니다.

그러나 아직 두 가지 의문이 남아 있습니다.

첫 번째 의문은 '그리스도가 부활하신 이후에도 저승은 계속 존재할까?'라는 것입니다. 신경은 이에 대해 어떤 대답도 해 주고 있지 않습니다. 그러나 분명한 것은, 악마가 여전히 세상에서 인간을 죽음에로 유혹하고 있다는 것과, 지금 이 순간에도 영혼이 저승과 하느님과의 단절 사이에서 번민하고 있다는 사실입니다. 《가톨릭교회 교리서》에 따르면, 저승은 "하느님과 또 복된 이들과 이루는 친교를 결정적으로 '스스로 거부한' 상태"(1033항 참조)를 뜻합니다. 20세기의 위대한 신학자 한스 우르스 폰 발타자르Hans Urs von Baltasar(1905~1988년)는 모든 이의 구원을 바라시는 하느님의 무한한 자비로 인해 우리 모두는 신앙의 이름으로 구원에 대한 희망을 가져야 한다며 다음과 같이 말했습니다.

"우리는 형제자매들로 가득 찬 저승이 있다는 것을 기억해야 합니다. 그렇게 하지 않으면, 구원에 대한 우리의 희망은 허무한 것이 되어 버리고 맙니다."

또한 시에나의 가타리나 성녀는 이렇게 기도했습니다.

"주님, 저처럼 당신 모상대로 창조하신 사람들 가운데 한 사람이라도 길을 잃어버리거나 당신 손에서 벗어난다면 제가 이를 어찌 감당하겠습니까? 아닐 것입니다. 주님, 제 형제자매들 가운데 단 한 사람이라도 절대로 길을 잃어버리지 않기를 바랍니다. 당신의 자녀로 태어나 당신과 일치를 이루는 사람들 가운데 단 한 사람이라도 말입니다."

두 번째 의문은 '누가 구원받을 수 있을까?'라는 것입니다. 이에 대해 알고 계신 분은 오직 하느님 아버지뿐이십니다. 저 역시 하느님의 구원에 대해 어떤 평가도 할 수 없습니다. 그러나 제가 아는 것은, 교회의 전례에서 거행하는 미사는 하느님의 영광과 세상의 구원을 위해서 봉헌된다는 것입니다. 이것이 우리의 희망입니다.

"그대가 예수님은 주님이시라 입으로 고백하고 하느님께서 예수님을 죽은 이들 가운데에서 일으키셨다고 마음으로 믿으면 구원을 받을 것입니다."(로마 10,9)

사흘날에 죽은 이들 가운데서 부활하신 예수님

사목 방문을 가면, 아이들이 이런 질문을 자주 합니다.
"예수님이 부활하셨다는 것을 믿으세요?"
어떻게 예수님의 부활을 믿을 수 있을까요? 제가 부활을 믿는 이유를 간단하게 이야기하겠습니다. 사실, 저도 그 이야기를 전해 들었습니다. 그러므로 저는 이렇게 말하고 싶습니다. '부활은 말씀을 믿는 것이다'고 말입니다.

신앙의 핵심이 그리스도의 부활이라는 것을 아이들은 알고 있는지 모르지만, 그들은 마치 제 의중을 떠보듯이 이렇게 질문합니다.
"어떻게 예수님이 진짜로 부활하셨다고 확신하실 수 있는 거예요? 어떻게 그게 진짜라고 믿으실 수 있는 거예요?"
제가 예수님의 부활을 확신하는 이유는 예수님이 부활하셨다는 사실을 저에게 전해 준 사람들을 믿기 때문입니다. 부활은 말씀을 믿는 것입니다.

우리는 예수 그리스도의 부활을 직접 보고 우리에게 전해 준 최초의 증인들을 찾아가야 합니다. 그들은 그리스도가 무덤에서 깨어나며 부활하시는 순간을 보지 못했지만, 부활하신 예수님을 생생하게 목격한 사람들입니다. 그들이 부활의 직접적인 증인들은 아니었지만, 무덤이 비어 있었다고는 생생하게 증언합니다. 부활하신 그리스도는 그들에게 먼저 다가가셨습니다. 그리고 그들에게 당신 자신을 드러내셨습니다. 그제야 증인들은 그분을 알아보았습니다. 그분을 알아보는 것은 성경의 말씀을 깨달음으로써 이루어진 것입니다. 부활하신 그리스도와의 만남은 증인들의 삶을 완전히 뒤바꿔 놓았습니다. 그 뒤로 그들은 자신들이 목격한 사실을 용기 있게 선포했습니다. 그들은 부활하신 그리스도가 자신들을 찾아오신 것을 직접 목격했습니다.

그리스도교는 바로 유례없는 사건이자 신적 사건인 부활을 통해 탄생하게 됩니다.

여러분은 부활하신 그리스도를 본 적이 있습니까? 그분을 만난 적이 있습니까? 그리스도를 만났던 신앙인들과 그분의 부활에 대해 증언하는 사람들을 만난 적이 있습니까? 그렇습니다. 있습니다. 바로 신앙 안에서 만났을 것입니다. 우리는 오직 신앙을 통해 부활하신 그리스도를 만날 수 있습니다.

오늘날 신앙은 시험받고 있습니다. 믿는다는 것이 말처럼 쉬운 일은 아닙니다. 청소년들은 저에게 자신들의 신앙에 대해서 자주 이야기합니다. 그들은 의심으로 가득 차 있습니다. 그렇지만 신앙적 의심으로 인한 어려움을 새로운 방식으로 극복하기 위해 노력하는 청소년이 점점 늘어나고 있음을 압니다. 저는 부활하신 그리스도를 만났다고 증언하는 성인 예비 신자뿐만 아니라, 그리스도와 진정한 만남을 체험했다는 청소년과 아이들의 증언을 생생하게 기억합니다.

예수님은 돌아가신 지 사흗날에 죽은 이들 가운데서 부활하십니다. 여러분은 이를 믿습니까? 신앙은 선물입니다. 이 선물을 받았던 사람들의 증언을 통해 우리는 믿음과 신뢰를 선택할 수 있게 됩니다. 즉, 우리는 신앙을 통해 부활 사건이 전해 주는 커다란 의미를 깨달을 수 있게 되는 것입니다.

제가 여러분에게 그리스도가 부활하셨다는 사실을 어떻게 설명할 수는 없습니다. 또한 그리스도가 부활하셨다는 것을 믿느냐, 안 믿느냐 하며 여러분을 시험할 생각도 없습니다. 그러나 이런 관점에서 생각해 볼 수는 있습니다. 우리는 천재 화가가 그린 그림을 볼 때 '참 아름답다'며 감탄하곤 합니다. 발타자르는 이에 대해 이렇게 말했습니다.

"그 감탄이 사실인지 아닌지 설명할 수는 없습니다. 또한 그 그림을 본 사람이 '참 아름답다'고 감탄하는 것을 그 누구도 막을 수는 없습니다."

요한 사도는 이렇게 말했습니다.
"당신은 그분을 뵈었습니까?"
그리스도를 믿는다는 것은 그분을 본다는 의미입니다. 그렇다면 여러분은 신앙 안에서 그리스도를 보았습니까? 보이지 않은 것 속에서 그리스도를 보았습니까? 신앙은 비이성적 영역으로 뛰어드는 것이 아닙니다. 신앙은 빛입니다. 신앙은 절대 변하지 않습니다. 신앙은 빛처럼 드러나는 것입니다. 어두운 방에 들어갔을 때 우리는 그 방 안에 있는 물건들을 잘 구별할 수 없습니다. 물론 조금씩 어둠에 익숙해지기는 하겠지만 선명하게 볼 수는 없습니다. 그러나 차츰 밝아질 것입니다. 실제로 변한 것은 아무것도 없습니다. 단지 빛에 의해 모든 것이 드러났을 뿐입니다.

그렇습니다. 이제 우리가 해야 할 일은 신앙을 향해 힘차게 걸어가는 것입니다.

부활의 의미를 통해 신앙을 정의한다면, 요한 사도의 대답이 정답이 될 것입니다.

"우리는 사랑을 알게 되었습니다."(1요한 3,16)

부활은 하느님이 인간을 얼마나 사랑하시는지 보여 주는 증거입니다. 예수님은 온전히 당신 자신을 내어놓으셨습니다. 우리를 위해 당신 자신을 버리신 것입니다. 부활의 증인들은 부활 사건을 체험하면서 예수 그리스도의 삶을 다시금 묵상하게 됐습니다. 가장 전능하신 분이 가장 겸손한 모습으로 우리에게 영원한 사랑을 보여 주셨던 것을 말입니다. 그 증인들은 하느님을 뵙지는 못했지만 부활 사건을 통해 하느님을 만났습니다. 그들은 인간 예수가 바로 '우리와 함께 계시는 하느님'이라는 사실을 천천히 깨달아 갔던 것입니다. 부활과 성령 강림 이후에 그들은 신앙으로 그분이 누구신지 더욱 분명하게 깨닫게 되었고, 그분을 '임마누엘Immanuel'이라고 불렀습니다. 임마누엘은 '우리와 함께 계시는 하느님'이라는 뜻입니다. 또한 그분을 '하느님의 아들', '메시아', '육신을 취하신 하느님의 말씀', '주님'이라고도 불렀습니다. 이 모든 호칭은 같은 의미라고 할 수 있습니다. 이것들은 세상에서 가장 위대한 인간이셨던 예수 그리스도가 보여 주신 사랑의 신비에 대한 우리의 신앙 고백이기 때문입니다.

하느님은 그리스도로 인해 결코 죽지 않으십니다. 그리스도는 영원한 죽음에서 벗어날 수 없는 인간들을 다시 일으켜 세우셨습니다. 우리는 그리스도로 인해 사랑이 죽음보다 훨

씬 더 강하다는 것을 깨닫게 됐습니다. 그리스도인은 하느님이 이러한 방식으로 인간 역사에서 당신 자신을 드러내신다는 것을 믿게 됐습니다.

우리도 부활 사건에 연관되어 있는 것일까요? 물론입니다. 우리도 사랑할 수 있는 존재입니다. 우리에게는 사랑의 불씨가 있기 때문에 우리는 이 지상에서 유일하게 사랑할 수 있는 존재인 것입니다. 우리는 하느님의 모상대로 창조되었으며 이것이 바로 우리의 근원입니다. 하느님은 우리에게 당신의 사랑을 심어 주셨습니다. 우리가 사랑을 한다면 그리스도와 함께 죽을 것이고 그리스도 안에서 부활할 것입니다.

여러분은 죽음보다 더 강한 사랑의 힘을 체험해 본 적이 있습니까? 가족의 장례를 도와준 경험이 있는 사람들은 죽음보다 강한 이런 신적 사랑의 증인이 될 수 있을 것입니다. 예수님이 죽은 이들 가운데서 부활하셨다는 사실을 믿는다는 것은 그리 쉽지 않은 일입니다. 그러나 신앙의 은총을 받은 우리는 우리의 모든 삶을 통해, 특히 부활의 삶을 통해 예수님 부활의 증인이 되라는 부르심도 함께 받았습니다.

하늘에 오르신 예수님

저승에 내려가셨던 예수님은 하늘로 올라가셨습니다. 하늘로 오르시는 예수님의 모습이 바로 신앙의 모습입니다. 신앙 행위란 바로 인간으로부터 출발해서 하느님에게로 향하는 것을 의미하기 때문입니다. 이러한 예수님의 모습과 행동은 이제 우리 것이 되었습니다. 또한 예수님의 모습을 직접 목격했고, 그분의 생생한 가르침을 들었던 우리 신앙의 선조들이 그러했습니다. 그들이 맨 처음 만났던 분은 하느님이 아니라 한 인간이었던 예수님이었습니다. 복음서가 예수님의 인간적인 모습을 우리에게 증언해 줍니다. 특별한 존재였던 그분은 지극히 인간적이고 풍부한 감성을 지니셨습니다. 우정과 연민, 애정과 즐거움, 웃음과 눈물 같은 감정을 지니신 분이기도 하셨습니다. 그뿐만 아니라 배고픔, 갈증, 피곤, 아픔도 느끼셨던 분이십니다. 이 모든 것은 인간이라면 누구나 갖는 특징입니다.

예수님을 직접 목격했던 증인들이 이러한 예수님의 인간적인 모습을 우리에게 모두 알려 주었습니다. 그러나 현대인들은 이를 받아들이지 못합니다. 그래서 예수님의 정체성에 대해 의심의 눈초리를 거두지 않고 있습니다. 이러한 의심의 눈초리는 복음서에서도 끊임없이 나타납니다.

신앙이란 '믿어야 할 이유'와 '확신을 가져야 할 이유'를 끊임없이 찾는 것입니다. 신앙의 행위는 하느님이 감췄던 당신의 현존을 드러내실 때 이를 신중하게 찾아내는 것을 의미합니다. 인간으로부터 하느님에게로 향하는 신앙 행위를 통해 신앙인은 자기 자신에게 다가오시는 하느님의 원의를 깨닫게 됩니다. 높고 낮음, 올라감과 내려감은 인간으로부터 하느님에게로, 하느님으로부터 인간에게로의 상호 작용을 나타내는 용어입니다.

신앙의 선조들은 완전한 인간인 예수님을 보았고, 그분이 하느님에게로 올라가신 것 또한 보았습니다. 그러기에 그들은 예수님이 하느님으로부터 내려오신 분이라는 사실을 깨닫게 되었습니다. 그리스도가 하늘로 오르셨다는 것은 바로 하느님이 강생하셨다는 것을 나타내기 때문입니다. 그리스도의 승천은 하느님이 우리 인간에게 해 주셨던 약속이 이루어졌음을 드러내 주는 증표입니다.

바오로 사도는 " '그분께서 올라가셨다'는 것은 그분께서 아주 낮은 곳 곧 땅으로 내려와 계셨다는 말이 아니고 무엇이겠습니까? 내려오셨던 그분이 바로 만물을 충만케 하시려고 가장 높은 하늘로 올라가신 분이십니다."(에페 4,9-10)라며 하느님이 인간으로 내려오셨다가 다시 하늘에 오르셨다는 사실을 믿는 것이 신앙 행위라고 말합니다.

더불어 요한 복음서에서는 우리에게 특별한 묵상 거리를 줍니다.

"하늘에서 내려온 이, 곧 사람의 아들 말고는 하늘로 올라

간 이가 없다."(요한 3,13)

그러므로 현대를 살아가는 우리는 우리와 실제로 함께 있지는 않는 것처럼 느껴지지만 언제나 살아 계신 그리스도의 현존을 믿고 살아야 합니다.

그분이 우리 눈앞에서 사라지셨습니다. 이것을 인간적 차원에서는 이별이라고 말합니다. 우리는 아는 사람 중에 누군가가 죽으면 "우리는 그가 무척 그리울 거야."라고 말하곤 합니다. 그러나 이제는 신앙의 때가 되었습니다. "내가 세상 끝 날까지 언제나 너희와 함께 있겠다."(마태 28,20)라고 하신 예수님의 약속을 기억해야 합니다.

교회는 그리스도가 말씀, 빵 그리고 가난한 사람들이라는 세 가지 요소 안에 실제적으로 현존하신다고 가르칩니다. 더 구체적으로 말하자면, 성경을 통해 전해지는 하느님의 말씀, 성체성사 안에서의 생명의 빵, 그리스도가 언제나 자신과 동일시하셨던 가난한 사람들입니다. 요한 바오로 2세 교황은 이렇게 말했습니다.

"교회가 우리 주님의 죽으심과 부활하심을 기억하는 성체성사를 거행할 때, 이 구원의 중심 사건은 실제적으로 현존합니다."

고난을 받으신 예수님

예수님의 전 생애를 함축하는 다음 말을 다시 한 번 살펴봅시다.

"예수님은 태어나실 때부터 죽으실 때까지 고난을 받으셨습니다."

예수님이 왜 그러셨을까? 제자들에게는 이 사실이 큰 의문이었습니다.

이러한 의문은 우리에게도 있습니다. 악이 왜 있는가? 고통이 왜 있는가? 죄, 불의, 분열, 전쟁, 비방, 거짓말이 왜 있는가? 지진 해일이 왜 오는가? 아프리카는 왜 사막이 되어 가는가? 인간과 동물에게 해를 끼치는 새로운 바이러스들이 왜 생기는 것인가?

고통에 관해 별다른 설명을 할 수는 없지만 고통은 동료애를 불러일으키며, 사랑이 점점 더 커지도록 해 준다고 말하고 싶습니다. 그리스도인에게 있어서 고통은 설명되는 것이 아니라 하나의 답이 있을 뿐입니다. 바로 사랑이 커진다는 것입니다. 사랑이 커짐으로써 악을 이기는 힘이 생깁니다. 예수님의 부활이 이를 증명합니다. 예수님은 악 때문에 십자가에 못 박히셨지만, 하느님은 예수님을 죽은 이들 가운데서 부활시키셨습니다. 이 세상에 내려오신 흠 없는 예수님을 거짓이 심판했지만, 하느님은 예수님을 부활시키셨습니다.

이 장을 마무리하면서 한 교리 교사가 저에게 들려준 산드린이라는 아가씨에 대한 이야기를 할까 합니다.

산드린은 1년간의 예비 신자 교리를 마치고 예수 부활 대축일에 세례를 받으려고 했지만, 몸이 많이 아파서 결국 세례를 앞두고 병원에 입원하게 됐습니다. 그녀는 예수 부활 대축일에 세례를 받을 수 없게 됐고, 그런 그녀에게 주위 사람들은 예수 부활 대축일 이후나 성령 강림 대축일에 세례를 받으라고 권유했습니다. 그러나 산드린은 이를 거절하며 다음과 같이 말했습니다.

"아니에요, 저는 예수 부활 대축일에 세례를 받아야만 합니다."

이 말에 모두 놀랐습니다. 산드린은 왜 예수 부활 대축일이 아닌 날에 세례받는 것을 거절했을까요? 왜 세례받는 날이 반드시 예수 부활 대축일이어야만 했을까요? 나중에 산드린은 왜 그런 말을 했는지 사람들에게 이야기해 줬습니다.

"성인은 세례를 꼭 예수 부활 대축일에 받아야 한다고 생각합니다. 왜냐하면 예수 부활 대축일은 주님이 태어나신 날이기 때문입니다!"

산드린은 다음 해 예수 부활 대축일에 세례를 받았습니다.

산드린은 모든 것을 다 깨달았던 것입니다. 부활은 그리스도교 신앙의 핵심이며 탄생입니다. 다시 한 번 강조하지만 부활은 새로운 탄생을 의미합니다. 예수 성탄 대축일에 아기 예수님의 탄생을 축하하는 것처럼 예수님의 부활을 축하하는 것입니다.

"주님 저희는 믿습니다. 저희 안에서 신앙이 자라나도록 도와주소서."

보다 깊이 들여다보기

▌기도하기

십자가에 매달리신 예수님을 묵상해 보십시오.

그분과 함께 이 세상에서 고통을 받으며 신음하는 모든 이를 하느님 아버지에게 의탁하십시오.

우리의 아버지이신 하느님
당신 자녀들의 기도를 들어주소서.
당신은 생명이시니
삶의 의미를 잃어버린 모든 이들을 위해 기도합니다.
당신은 빛이시니
고민과 의심에 짓눌리며 당신을 찾는 모든 이들을 위해
기도합니다.
당신은 기쁨이시니
어려운 처지에 놓인 이들과 삶에 기쁨을 느끼지 못하는
이들을 위해 기도합니다.

당신은 예수님을 죽은 이들 가운데서 부활하게 하신
하느님이시니
죽은 이들을 받아들이시어 그들의 죄를 용서해 주시고,
당신 빛을 통해 그들을 당신 곁에 머물게 하소서.

▍사랑하기

부활하신 그리스도의 현존을 향해 우리의 마음을 여십시오.

삶 전체를 통해 그분 현존의 표지를 증거해 보십시오.

병과 고통 중에 있거나 시련을 겪는 사람들이 있다면 방문하십시오.

고통 중에 있는 이들을 위해 봉사하는 단체 활동에 참여하십시오.

▍말씀 듣기

성주간을 준비하면서 예수님의 수난과 부활에 관한 성경 말씀들을 읽어 보십시오.

신앙의 근원을 찾기 위해 사도행전에 나오는 신앙 고백을 읽고 묵상해 봅시다.

베드로의 오순절 설교(사도 2,14-41)
베드로가 솔로몬 주랑에서 한 설교(사도 3,11-26)
베드로가 코르넬리우스의 집에서 한 설교(사도 10,34-43)

코린토 신자들에게 보낸 첫 번째 서간에서도 바오로 사도의 신앙 고백을 찾아볼 수 있습니다.

"나도 전해 받았고 여러분에게 무엇보다 먼저 전해 준 복음은 이렇습니다. 곧 그리스도께서는 성경 말씀대로 우리의 죄 때문에 돌아가시고 묻히셨으며, 성경 말씀대로 사흘날에 되살아나시어, 케파에게, 또 이어서 열두 사도에게 나타나셨습니다."(1코린 15,3-5)

4장

성령을 믿으며
거룩하고 보편된 교회와
모든 성인의 통공을
믿나이다

교회는 거룩합니다. 여러분은 이 사실을 믿습니까? 이 질문이 신경에 관한 교리 교육의 네 번째 주제입니다. 이 신앙 구절이 매우 어렵다는 것을 저도 알고 있습니다. 주변 사람들은 제게 가끔 이런 이야기를 합니다.

"예수님은 좋지만 교회는 싫습니다."

이 말은 '하느님은 믿지만, 신앙생활은 하지 않습니다.'라고 받아들일 수 있을 것입니다. 현대의 많은 사람들이 교회가 거룩하다는 것을 믿지 않을 뿐만 아니라 심지어 교회를 신앙의 걸림돌로 여기기까지 합니다. 우리 중에 이런 의심과 부정의 유혹에 빠져 보지 않았던 사람이 과연 있을까요?

"교회는 사람이 만든 것이 아닙니까? 그런 교회가 신앙의 요소가 될 수 있습니까?"

인간의 눈으로 볼 때 교회는 거룩하지 않습니다. 그러기에 위의 질문에 대한 답은 신앙 행위로 설명할 수밖에 없습니다. 그렇습니다. 인간적인 관점에서 교회는 거룩하지 않습니다. 그러나 우리는 교회가 거룩하다는 것을 믿어야 한다는 '신앙의 초대'를 받았습니다. 교회는 거룩합니다. 왜냐하면 성령 강림 대축일에 성령으로부터 탄생되었기 때문입니다.

"교회는 거룩합니다. 여러분은 이 사실을 믿습니까?"

"예, 믿습니다." 왜냐하면 우리는 성령을 믿기 때문입니다.

"예, 믿습니다." 왜냐하면 우리는 모든 성인의 통공을 믿기 때문입니다.

성령, 거룩한 교회, 모든 성인의 통공. 신경의 이 세 가지 신앙 구절은 같은 신앙 행위 안에서 서로 연결되어 있습니다.

성령을 믿습니다

우리가 신앙생활을 하면서 멈추어서는 안 되는 일이 있습니다. 바로 하느님이 보여 주시는 영원한 사랑의 신비를 찾는 일입니다. 그러기에 하느님에 대한 신앙에 노력을 다하는 순간까지 가 보지 않고서는 교회가 거룩하다는 것을 믿을 수 없을 것입니다. 여기서 우화 하나를 들려주겠습니다.

옛날에 한 아가씨가 있었습니다. 그녀는 열여덟 살이었는데 한 청년을 사랑했습니다. 이 사랑은 아무도 모르는 그들 둘만의 비밀이었고 심지어 그녀의 부모조차 알지 못했습니다. 다만 그녀의 어머니만이 그녀가 변해 가고 있다는 것을 살짝 눈치챘을 뿐이었습니다. 그녀가 집 밖으로 자주 나가고, 딴 생각이나 환상에 자주 빠져 있고, 뭔가 소심해지고, 뭔가 부자연스럽고, 뭔가 말하고 싶은 것처럼 보이는데 횡설수설하면서 하고 싶은 말을 제대로 하지 못하는 모습을 보았기 때문입니다. 이 아가씨는 자신을 사로잡고 있는 이 사랑에 대해서 '부모님께 어떻게 말씀드려야 할까?', '어떻게 비밀을 털어놓을까?' 하며 고민에 빠졌습니다.

그러던 어느 날 저녁, 그녀는 드디어 청년을 자신의 집으로 데려왔습니다. 이제 부모님에게 그 청년을 소개하면서 무엇인가를 말해야 할 순간이 왔습니다. 그런데 예상 밖으로 아가씨는 아주 간단하게 말했습니다.

"이 사람이에요."

이 말 외에 다른 말이 더 이상 필요하지 않았습니다. 모든 것이 드러난 것입니다. 부모님은 모든 상황을 이해했습니다. "제가 사랑하는 사람이 바로 이 사람입니다. 이 사람이 제 사랑입니다. 이 사람이 제가 간직했던 비밀입니다!"라는 것을 말입니다. 하느님의 신비도 이와 같습니다.

하느님 역시 비밀을 간직하고 계셨습니다. 그 비밀은 바로 하느님에게 아들이 있다는 것이었습니다. 그렇지만 아무도 이 사실을 몰랐습니다. 하느님은 세상 안에서 우리와 같은 존재로 태어나시어, 땅 위에 사는 사람들과 함께 지내기로 결심하셨습니다. 사람들과 함께 지내면서 자신의 것을 나누시려는 뜻이었습니다. 그러나 하느님은 어느 누구에게도 당신 아들에 대해서 말씀하시지 않았습니다. 하느님은 어떻게 사람들에게 당신의 영원한 사랑을 드러내 보이실까요?

그러던 어느 날, 하느님은 당신 아들과 함께 집에 오셨습니다. 그러고는 당신의 아들을 소개했습니다.

"이 사람입니다. 이 사람이 바로 내가 가장 사랑하는 내 아들입니다!"

말씀이 사람이 되신 것입니다. 하느님은 아들을 사랑하는 아버지셨습니다. 아들 역시 하느님이셨습니다. 하느님은 아버지셨고 동시에 아들이셨던 것입니다. 이렇게 해서 우리는 하느님 사랑의 신비 속으로 들어가게 됩니다.

그런데 하느님의 세 번째 위격은 느닷없이 왜 나타난 것일까요? 정말 너무 어렵게 느껴집니다. 그러나 자, 생각해 봅시다. 하느님 안에서 이루어지는 사랑은 완전합니다. 하느님은 당신 자신을 위해 무엇 하나 남겨 두지 않으십니다. 아버지와 아들은 자신들을 위한 사랑은 남겨 두는 일 없이, 전부를 내어놓으십니다. 성령은 바로 아버지와 아들이 내어놓은 사랑이며, 선물입니다. 그렇습니다. 성령은 세상에 드러난 하느님과 그 외아들의 사랑 자체인 것입니다.

　이제 우리는 삼위일체 하느님의 사랑을 이해하면서 신앙적 차원에서 한 단계 더 올라서게 됐습니다. 사랑은 시작입니다. 만물은 그분으로부터 나서 그분 안에 머무릅니다. 하느님은 한 분이시며, 그분은 바로 사랑이십니다. 이것이 예수 그리스도가 우리에게 알려 주신 하느님의 모습입니다. 그리스도는 아버지와 일치를 이루는 사랑의 통교입니다. 하느님은 한 분이며 동시에 세 분입니다. 이것을 삼위일체Trinitas라고 말합니다. 이 용어는 테르툴리아노 교부가 처음으로 사용했습니다. 복음서에는 이 용어가 나타나지 않지만, 예수님은 당신의 제자들을 세상으로 보내시면서 '성부와 성자와 성령의 이름으로' 세례를 베풀라고 명하셨습니다(마태 28,19 참조). 그리스도인의 하느님은 사랑의 통교이며, 세 위격 안에 한 분이신 하느님이십니다.

프랑스와 바리옹 신부는 하느님의 신비에 관한 강연을 하면서 사람들에게 다음과 같은 놀라운 질문을 했습니다.

"물론 불가능한 일이지만, 만약에 교회가 여러분에게 '하느님은 오직 한 분뿐이지, 결코 셋이 아니다.'라고 선언한다면, 이 선언이 여러분의 존재에 어떤 변화를 가져오겠습니까?"

그는 이어 이렇게 말했습니다.

"만일 하느님이 삼위일체가 아니라면 저는 분명히 무신론자가 되었을 것입니다. 저는 하느님이 삼위일체라고 굳게 믿습니다. 왜냐하면 하느님이 삼위일체가 아니라는 가정은 무척 믿기 힘든 것이기 때문입니다. 만일 하느님이 삼위일체가 아니라면, 저는 더 이상 아무것도 이해할 수가 없습니다."

하느님이 사랑이라면, 하느님은 결코 혼자가 아니십니다.

혼자서는 당신 자신을 영원히 바라볼 수 없기 때문입니다. 하느님은 통교입니다. 그러므로 지금 저는 교회에 관한 이 교리 교육에서 삼위일체이신 하느님을 강조합니다. 삼위일체이신 하느님의 빛을 통해 우리는 교회의 신비를 묵상할 수 있습니다. 초대 교회 그리스도인의 신앙 고백은 무척이나 단순했습니다.

"하느님은 아버지이시고, 하느님은 아들이시고, 하느님은 성령이십니다."

이것이 바로 우리가 세례성사 때 고백하는 신앙입니다.

하느님은 아버지이십니다.

그분은 모든 만물의 시작이자 마침이십니다.

하느님은 아들이십니다.

아버지로부터 파견된 영원한 사랑이십니다.

하느님은 성령이십니다.

세상에 펼쳐진 영이시며 아버지와 아들의 영이십니다.

성자와 성령에 대한 이레네오Irenaeus 성인의 다음 묵상은 참으로 아름답습니다.

"성자와 성령은 성부의 두 손입니다."

우리가 성령을 믿지 않고는 거룩한 교회의 신비를 결코 깨달을 수 없습니다. 그렇다면 무엇이 성령의 활동일까요?

첫째, 성령은 강생하신 그리스도를 따라 활동합니다. 영적인 그리스도인은 영혼과 육체가 서로 분리되어 있는 사람이 아닙니다. 즉, 영적인 그리스도인은 세상과 동떨어져서 세상 밖에 존재하는 사람이 아닙니다. 이와 같은 의미로 어느 예수회원이 묘사한 문장이 인상 깊게 남습니다.

"성령은 바퀴입니다."(그리스어로 '영esprit'은 '바퀴pneuma'를 뜻함) 성령은 바퀴처럼 땅에 달라붙어 있어야 하고, 길을 따라 달려가야 합니다. 인간의 두 발처럼 말입니다.

둘째, 그리스도인은 삼위일체의 사랑의 친교를 본받아 삶에서 사랑의 친교를 불러일으켜야 합니다.

거룩하고 보편된 교회를 믿습니다

인간적인 측면에서 볼 때 교회가 거룩하다는 것은 그다지 신뢰할 수 있는 말이 아닙니다. 그러나 우리는 인간적인 측면이 아닌, 신앙 안에서 교회를 바라봅니다. 비록 보이지 않는다 하더라도 우리는 신앙을 통해 교회가 거룩하다는 것을 믿습니다.

앞에서 들려줬던 사랑에 빠진 아가씨의 이야기를 좀 더 해볼까요?

만일 그 이야기에 나오는 청년이 곰보이거나 흉터로 얼룩진 추한 얼굴에 곱추였다면, 그리고 그의 얼굴이 칼자국과 종기로 가득 차 있었다면, 우리는 그 아가씨가 사랑 때문에 눈이 멀었다고 비난하지 않았을까요? 지혜롭다고 하는 사람들은 분명 아가씨에게 사랑을 버리고 청년과 헤어지라고 했을 것입니다. "어떤 일이 있었든지 간에 그런 사람을 사랑해서는 안 된다!"라고 말입니다. 여러분은 사랑이라는 아름다움이 세상에서 가장 추하고 흉한 얼굴을 환하게 비출 수 있다고 믿습니까?

이 이야기에 나오는 청년이 감춰 왔던 자신의 추함과 약점으로 가득한 자신의 삶을 드러낸다면, 과연 그 아가씨가 그 청년을 사랑하려고 할까요? 그 아가씨는 '예'와 '아니오' 사이에서 고민을 해야 할까요? 사랑으로 인한 자신의 손익을 따져 보아야 할까요? 또 사랑을 선택할 것인지 아닌지를 결정해야만 할까요? 이 점에 대해서 여러분은 어떻게 생각합니까?

  사랑이 주체할 수 없을 정도로 넘친다고 사랑이 존재의 공황을, 존재의 균열을, 존재의 검은 구멍을, 존재의 어두움을 채워 줄 수 있다고 믿을 수 있을까요?

내어놓은 사랑은 모든 것을 채우며, 모든 것에 스며듭니다. 사랑은 어떠한 것도 비워진 채로 내버려 두지 않습니다. 인간 존재는 사랑받도록 부름을 받았고, 자신의 모든 존재를 통해서 사랑에 대한 사랑의 응답을 하도록 부름을 받았습니다. 부족한 존재든, 무엇인가를 바라는 존재든, 모든 인간의 삶은 이러한 사랑에 응답한다는 목적을 향하고 있습니다. 이것은 바오로 사도가 말한 것처럼, 사랑으로 하여금 "말로 다 할 수 없이 탄식하며"(로마 8,26) 끝까지 자신의 일을 마치도록 하기 위해서입니다. 아우구스티노 성인은 《고백록》 첫머리에 이렇게 적었습니다.

"주님, 당신께서 당신을 위해 저희를 창조하셨기에, 당신 안에 머물지 않는다면 저희 마음은 쉴 수 없습니다."

아가씨와 청년의 사랑에 대해 좀 더 이야기해 봅시다. 만일 위의 청년이 정직하지 못하여 그 아가씨를 속였다면, 과연 그 아가씨는 청년에 대한 사랑을 버렸을까요?

자, 이제 우리는 하느님의 사랑이 무엇인지를 깨달을 수 있는 자리에 섰습니다. 교회는 그 답을 이미 우리에게 알려 주었고, 구약 성경에도 답이 나와 있습니다. "분노에 더디고 자애와 진실이 충만하신"(탈출 34,6) 하느님의 자비와 용서를 드러내기 위해서 호세아 예언자는 창녀와 혼인하는 상징적인 행동을 취합니다(호세 1,2-3 참조). 우리는 그리스도의 사랑으로 가득 찬 풍요로운 선물들을 받았습니다. 용서에까지 이르는 선물 말입니다. 여기서 우리는 교회의 신비를 만나게 됩니다.

교회는 왜 거룩한 것일까요? 바로 교회가 하느님의 무한한 사랑으로 가득 차 있기 때문입니다. 교회가 나약함, 비천함, 죄와 하느님에 대한 불신앙을 지녔을지라도, 교회는 하느님의 모든 은총으로부터 오는 충만함으로 가득 차 있습니다. 하느님은 인간의 잘못과 어리석음, 인간의 폭력적인 성향과 인간들이 저지른 전쟁, 또한 인간의 불의와 거짓 때문에 상처를 받지만 언제나 사랑에 충실하십니다. 또한 그리스도인이 지은 수많은 죄로 인해 많은 상처를 받지만 하느님은 언제나 교회에 대한 당신의 사랑을 멈추지 않으십니다. 하느님은 언제나 충실하시며 상처를 받더라도 사랑을 포기하지 않으십니다.

바오로 사도가 말한 것처럼 "죄가 많아진 곳에 은총이 충만히 내렸습니다."(로마 5,20) 인간의 잘못에 대해 하느님은 당신의 사랑을 더해 주시고, 당신의 용서를 아낌없이 베풀어 주십니다. 교회는 이러한 하느님의 용서를 신앙 안에서 겸손하게 받아들입니다. 또한 교회는 성령의 이끄심에 따라 이 땅 위에서 '악으로부터 선을 이끌어내는' 자애로운 하느님의 업적을 깨닫게 되는 자리로 남아 있는 것입니다.

앞서 예수 그리스도가 저승에 가셨던 사건에서 보았듯이, 하느님은 당신과 관계 맺지 않은 채 당신과 함께 살아가지 않는 사람들을 그냥 내버려 두지 않습니다. 교회는 상처 입은 사람들과 잘못을 저지른 사람들로 가득 차 있는, 지극히 인간적인 곳이라고 할 수 있습니다. 또한 교회는 인간의 불신앙과 죄로 가득 찬 추한 곳이기도 합니다. 그럼에도 불구하고 교회는 사랑받습니다. 그래서 바오로 사도는 교회가 그리스도의 정배라는 것을 깨닫습니다.

우리는 지금 교회의 신비 가운데 가장 신비스럽고 가장 본성적이며 교회를 거룩하게 만드는 것이 무엇인지 알게 됐습니다. 바로 교회가 신앙인들로 하여금 하느님이 베풀어 주시는 사랑의 은총이 어떠한지 바라볼 수 있도록 도와준다는 사실입니다. 또한 교회가 세상의 모든 이들을 받아들이시는 하느님의 용서를 깨닫는 곳이며 하느님 자비의 가시적인 표지임과 동시에 하느님 구원의 성사라는 사실도 말입니다. 교회에는 하느님 아버지를 통해 예수 그리스도 안에서 이루어지는 사랑과 용서와 화해가 전부 담겨 있습니다.

어떤 사람들은 더 이상 교회가 필요하지 않다고 말합니다. 이들은 오늘날 모든 인간이 영적 시대를 살고 있는데 이 영적인 것에 대한 보편적 세계화가 모든 인간을 모아들여 하나로 묶었다고 주장합니다. 그렇다면 온 인류가 언제쯤 이러한 일치를 이룰 수 있을까요? 그것은 하느님만이 아시는 비밀이며 그분의 업적입니다. 신앙 안에서 우리는 이러한 일치가 이루어지리라 믿습니다. 정말 언제 이러한 일이 이루어질까요? 인간의 시각으로는 알 수 없습니다. 그러나 우리는 하느님의 마음에서 이를 묵상해 볼 수 있습니다. 또한 그리스도의 빛을 통해서 교회 안에서 이러한 일치를 찾아낼 수 있으며, 복음이 전해 주는 의미들을 통해서 성령의 역사하심이 교회 안에서 일치를 이루어 내심을 식별해낼 수 있습니다. 우리는 성령이 이기신다는 것을 믿습니다.

저는 베를린 장벽이 무너지는 것을 보고 무척 감명을 받았습니다. 베를린 장벽은 법으로 무너진 것도 아니고 폭력으로 무너진 것도 아닙니다. 그저 조용히 무너졌습니다. 가로막힌 베를린 장벽을 보며 청년 시절을 보냈던 라칭거 추기경(현 베네딕토 16세 교황)은 베를린 장벽이 무너진 것에 대해 이렇게 평가했습니다.

"이 사건은 정신의 승리입니다."

가장 좋은 것을 영위하도록 해 줄 때, 정의로운 정신과 평화의 정신으로 살아갈 수 있게 해 줄 때, 인간은 가장 좋은 모습을 지니게 됩니다. 종말을 준비하며 살아가는 교회는, 프랑스와 바리옹 신부의 표현처럼, '인간을 향한 하느님의 길'이 됩니다. 이 길은 겸손의 길, 고난의 길, 가난의 길, 울퉁불퉁한 길, 불안한 길, 때론 어두운 길이기도 합니다. 그러나 이 길은 하느님의 신비로운 현존으로 가득 차 있으며, 하느님이 인간과 함께하시며, 하느님이 이끄시는 길이기도 합니다.

제가 어떻게 거룩한 교회를 믿을 수 있었을까요? 제가 교회를 믿는 이유는 성령이 우리 인간의 삶에서 이루신 업적이 바로 교회이기 때문입니다. 성령은 넓게 보면 교회의 모든 곳에 역사하십니다. 이 얼마나 다행스러운 일입니까! 성령이 역사하시어 모든 인간을 하느님의 모상대로 재창조하여 모든 인간이 그리스도를 닮아 가게 합니다. 그리스도에 의해서 교회는 성령의 역사하심에 대한 가시적인 표지가 되었고 그리스도를 부르는 곳이 되었으며 그리스도를 선포하는 곳이자 그리스도를 증거하는 곳이 되었습니다. 그리고 그리스도의 계시를 드러내는 곳이 되었습니다. 성령으로 거룩하게 된 교회는 그리스도가 행하셨던 것처럼 그리스도의 길을 따라

갑니다. 그러기에 교회는 하느님이 겸손하게 세상으로 오시는 길입니다.

그러므로 이러한 신앙 행위를 통해서 교회는 두 가지 부르심에 응답해야 합니다.

첫째, 교회는 세상 밖이 아니라 세상 안에서 하느님의 사명을 수행하기 위해 파견되었습니다. 마치 성자가 성부로부터 파견된 것처럼 교회 역시 그리스도로부터 파견되었고, 그 안에서 성령이 역사하시는 것입니다.

둘째, 교회에는 사랑의 공동체를 이루어야 할 사명이 있습니다.

"교회를 친교의 원천이며 친교의 학교로 만드는 것, 이것이야말로 막 시작된 천년기에 우리가 당면한 큰 과제입니다. 우리가 하느님의 계획에 충실하고 세계의 가장 깊은 열망에 부응하고자 한다면 말입니다."(요한 바오로 2세 교황, 〈새 천년기〉)

"아버지, 아버지께서 제 안에 계시고 제가 아버지 안에 있듯이, 그들도 우리 안에 있게 해 주십시오. 그리하여 아버지께서 저를 보내셨다는 것을 세상이 믿게 하십시오."(요한 17,21)

모든 성인의 통공을 믿습니다

우리는 성인들의 축일을 기념하고 성인의 이름을 딴 단체나 건물 등을 통해 우리 삶의 영역인 시간과 공간 안에 성인들과 함께 머무릅니다. 교회는 성인들에게 신앙인들의 기도를 봉헌하고, 신앙인들은 성인들을 기억 속에 새겨 둡니다. 그러나 "모든 성인의 통공을 믿습니다."라고 말하는 것은 '모든 성인을 믿는다'는 의미가 아니라, '통공을 믿는다'는 뜻입니다. 이 신앙 행위를 통해 우리는 모든 성인과의 통공에로 향하게 됩니다.

모든 성인의 통공은 지금 여기에서 하는 것일까요? 아니면 더 기다려야 하는 것일까요?

모든 성인의 통공은 신앙인의 역사인 동시에 희망이자 부르심, 그리고 초대라고 할 수 있습니다. 또한 그리스도교 신앙의 원천인 동시에 정점입니다. 모든 성인의 통공은 죽음을 넘어서는 것입니다. 그것은 보이지 않는 하늘이자 저 높은 곳에 있는 거처이며, 하느님 안에서 이루어질 사랑의 영원한 일치입니다. 또한 모든 성인의 통공은 신앙인이 기다리며 바라는 궁극적인 목표이기도 합니다. 우리는 바로 이러한 모든 성인의 통공을 희망하는 것입니다.

　동시에 모든 성인의 통공은 지금 여기에 이미 존재합니다. 하느님의 선물로서 우리 가운데 존재합니다. 이 선물은 하느님의 거룩함에로 우리를 이끌어 주는 살아 있는 은총이라 할 수 있습니다. 그러므로 우리가 신경을 통해서 하는 '모든 성인의 통공을 믿는다'는 신앙 고백은 '지금 이 자리'에서 우리가 믿는 것이 무엇인지를 드러내 주는 동시에 이러한 고백이 우리를 모든 성인의 통공에로 이끌어 준다는 뜻입니다. 우리가 "나는 모든 성인의 통공을 믿습니다."라고 고백하는 것은,

바로 모든 성인의 통공 안에 함께 있음을 믿는다는 것과 같은 뜻입니다.

성경이 바로 이런 사실을 말해 줍니다. 성경은 오직 하느님만이 거룩하시며, 그분이 모든 인간을 위해서 삶이라는 프로그램 안에서 우리를 부르신다고 말합니다.

"나, 주 너희 하느님이 거룩하니 너희도 거룩한 사람이 되어야 한다."(레위 19,2)

구원 계획을 완성하시기 위해 창조 때 하느님이 준비하신 프로그램, 하느님의 약속 그리고 계획이 바로 그것입니다. 성경 전체가 인간을 하느님의 거룩함에로 이끌면서 가장 좋은 결실을 맺도록 해 줍니다.

하느님의 외아들 예수님은 인간을 거룩함에로 인도하라는 아버지의 사명을 완수하기 위해 오셨습니다. 사람들이 "주님, 당신은 거룩한 분이십니다. 당신은 하느님의 거룩한 분이십니다."라고 하는 고백을 통해서 예수님은 당신의 사명을 더욱 분명하게 깨닫게 됩니다.

예수님은 죽을 때까지 완전하게 사랑하셨지만, 스스로를 위해 그 거룩함을 지키지는 않으셨습니다. 오히려 성령의 은총으로 이 거룩함을 우리에게 널리 전해 주셨습니다. 요한 사도는 십자가의 은총을 묵상하며 이렇게 고백했습니다.

"그분은 성령을 보내 주셨습니다."

사랑과 생명이라는 아주 큰 숨결은 세상의 모든 창조물에게로 전해집니다. 모든 창조물을 거룩하게 하고 재창조하기 위해서 말입니다.

바오로 사도는 자신의 편지를 받는 사람들을 '성도聖徒(거룩한 사람)'라고 부릅니다. 이 얼마나 놀랍고 위대한 일입니까! 회심하기 전, 유다인의 신앙을 가졌을 때 그에게 거룩함은 바로 하느님에게만 해당하는 것이었습니다. 그러나 이제 '거룩함'은 이 땅으로 내려왔습니다. 그리스도가 우리에게 문을 열어 주셨기 때문입니다. 바로 이것이 이 땅 위에 이미 하느님 나라가 존재한다는 의미입니다.

그러면 위에서 말하는 거룩함은 어떤 것일까요?

거룩함은 '땅 위에 있는 보물'이라고 할 수 있습니다. '창조된 피조물'이 바로 그렇습니다. 동방 교회는 이 보물들을 통해서 그들의 신앙을 우리에게 매우 특별하게 전해 주었습니다. 그리스도는 우리가 고아가 되도록 내버려 두지 않으시려고 어머니인 교회가 당신의 제자들을 돌보며 축성받은 양식을 나눠 주도록 하셨습니다. 영적 친교, 형제적 친교, 성사적 친교가 바로 그렇습니다. "나는 모든 성인의 통공을 믿습니다."라고 고백하는 것은, 교회의 성사들을 믿는 것입니다. 교회의 일곱 성사는 우리를 축성해 주며, 우리로 하여금 하느님과 친교를 맺도록 이끌어 줍니다.

세례성사와 견진성사는 세례자들을 축성해 주고 그들을 '성령의 궁전'으로 만들어 줍니다. 그리스도의 몸과 피를 통해 이루어지는 성체성사는 신앙 공동체를 양육하며 공동체를 그리스도의 몸인 거룩한 백성으로 만들어 줍니다. 고해성사는 세례자가 입는 거룩함이라는 옷에 묻은 때를 씻어 줌으로써 거룩함의 새 옷을 다시 입혀 줍니다. 병자성사는 병자들을 축성해 줌으로써 하느님의 거룩한 권능으로 그들이 강해지도록 만들어 줍니다. 혼인성사는 혼인하는 부부와 그들의 거처, 그리고 그들의 가족들을 축성해 줌으로써 신혼부부가 하느님의 거룩한 계약을 이루는 성가정이 되도록 해 줍니다. 성품성사 때 안수를 통해서 부제와 사제, 그리고 주교는 성령을 받게 되고, 그리스도의 이름으로 하느님의 백성을 거룩하게 하는 사명을 부여받게 됩니다.

거룩함은 '하늘에 있는 보물'이기도 합니다. 그 보물은 바로 성인들이라고 할 수 있습니다. 우리는 매년 11월 1일에 모든 성인을 위한 축제, 즉 '모든 성인 대축일'을 성대하게 지냅니다. 따라서 우리는 이 대축일을 '보물들의 축제'라고 부를 수 있습니다.

아기 예수의 데레사 성녀는 이렇게 말했습니다.

"이 땅 위에서 선행을 베푸는 것이 저의 하늘나라이며, 저는 그 하늘나라를 향해 갈 것입니다."

우리는 하늘에 보물들이 있음을 알고 있으며, 그 보물들을 꺼낼 수도 있습니다. 교회가 그리스도인에게 성인들의 도움에 힘입어 기도할 것을 권고하며 초대하는 이유가 바로 여기에 있습니다.

"나는 모든 성인의 통공을 믿습니다."라고 말하는 것은 이 땅 위에 살아가는 이들과 하늘에 있는 성인들 사이에 있는 신비로운 일치를 믿는다는 뜻입니다. 또한 그리스도 안에서 이루어지는 사랑의 친교를 믿는 것이기도 합니다. 그리고 그리스도의 부르심에 응답하여 복음 정신을 실천하며 살아가는 사람들 사이의 친교를 믿는다는 뜻이기도 합니다. 그러기에 모든 성인의 통공을 믿는다는 것은 모든 인간에게 주어진 공통된 보물인 모든 성인을 일치시키는 신비로운 친교를 믿는다는 뜻이 됩니다.

"교회는 거룩합니다. 여러분은 이 사실을 믿습니까?"
"예, 우리는 교회의 거룩함을 믿습니다."
교회는 하느님의 보물이며, 하느님이 교회를 사랑하시기

때문입니다. 교회는 하느님의 신비이고, 보이지 않는 하느님의 숨은 모습을 보여 주는 현실태現實態입니다.

인간적 측면에서만 본다면 교회는 '흙으로 빚어진 그릇'일 뿐입니다. 그러나 교회는 분명히 우리에게 그리스도를 전해 주는 통로이며, 사람들에게 하느님과의 계약을 증언해 주는 자리이기도 합니다. 교회는 세상 사람들에게 다음과 같이 외칩니다.

"당신은 하느님의 보물입니다. 하느님은 당신을 사랑하십니다."

이 모든 것이 우리의 신앙이자 사명입니다. 또한 우리가 세례성사 때 했던 약속이며, 우리의 정체성이자 우리의 책임입니다. "나는 거룩하고 보편된 교회를 믿습니다."라고 말하는 것은 이러한 책임을 지겠다는 뜻이며, 인간 역사 한가운데서 거룩하신 하느님을 증거하겠다는 다짐입니다.

이 부분의 교리 교육을 마무리하면서 첫영성체 교리 때 있었던 일에 대한 이야기를 하고자 합니다. 다른 아이들에 비해 조금 이르긴 하지만 아주 예쁘게 첫영성체를 했던 한 소녀의 이야기입니다.

어떤 교리 교사가 첫영성체를 준비하는 아이들에게 아직은 영성체를 못하니, 대신 영성체 예식 때 제대 앞으로 나가서 두 손을 모아 가슴에 올리고 신부님이 주시는 강복을 받으라고 알려 주었습니다. 그런데 영성체 예식 날, 이 소녀는 신부님에게 강복 대신 성체를 달라고 청했고 신부님은 그 소녀가 성체를 영할 수 있도록 해 주었습니다. 이 이야기를 들은 교리 교사는 소녀에게 아직 첫영성체 준비가 되지 않았기 때문에 그래서는 안 된다고 말했습니다. 그러자 소녀는 이렇게 대답했습니다.

"성당 문 앞에 거지가 있는데요, 저는 그 거지에게 예수님께서 아주 가까이 오셨다고 말할 수 있을 것 같아요."

아마도 이 소녀에게 지식적인 측면에서의 교리 교육은 더 이상 필요하지 않을 것 같습니다. 교회의 신비를 온전히 깨닫고 있기 때문입니다. 이렇게 하느님이 어리거나 가난한 이들에게 주셨던 거룩한 사랑으로 인해 교회는 거룩한 것입니다.

보다 깊이 들여다보기

▌기도하기

그리스도의 이름으로 있는 교회가 성인들의 전구를 통해 인류 공동체와 모든 상황에서 거룩해지도록 성령에게 기도하십시오.

▌읽기

성령의 약속에 대한 부분들을 다시 읽어 보십시오.

마리아에게: "성령께서 너에게 내려오실 것이다."(루카 1,35)
사도들에게: "그러나 성령께서 너희에게 내리시면 너희는 힘을 받을 것이다."(사도 1,8)

성령의 선물에 대한 약속은 요한 복음서 곳곳에 나타납니다. 특히 요한 복음서 14장과 16장에 가장 잘 나타납니다.

"내가 아버지께 청하면, 아버지께서는 다른 보호자를 너희에게 보내시어, 영원히 너희와 함께 있도록 하실 것이다."(요한 14,16)

"보호자, 곧 아버지께서 내 이름으로 보내실 성령께서 너희에게 모든 것을 가르치시고 내가 너희에게 말한 모든 것을 기억하게 해 주실 것이다." (요한 14,26)

"그분 곧 진리의 영께서 오시면 너희를 모든 진리 안으로 이끌어 주실 것이다." (요한 16,13)

이 약속은 오순절 때 절정에 이르게 됩니다(사도 2,1-13 참조). 사도들은 예수 그리스도의 이름으로 베푸는 안수를 통해 성령을 전해 줍니다(사도 8,17 참조).

사랑하기

그리스도교적 사랑은 인간 사이에 차별을 두지 않습니다.

경계 없는 사랑을 통해 진정으로 사랑하는 것을 배웁시다.

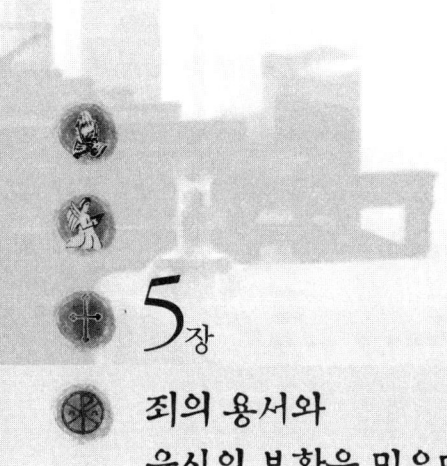

5장

죄의 용서와
육신의 부활을 믿으며
영원한 삶을 믿나이다

우리 '앞'에 영원이 있습니다. '앞'이라는 것은 다시 말하면 항상 도달하지 못하는 그곳이지요. 그렇지만 우리는 항상 '그 안'에 있기도 합니다. 즉, 우리는 이미 그 영원을 살 수 있다는 뜻입니다. 이 영원은 성령의 열매입니다. 성령이 맺어 주는 열매들은 죄의 용서와 육신의 부활, 그리고 영원한 생명입니다. 성령은 우리에게 영원한 생명을 줍니다. 여러분은 이 사실을 믿습니까?

"예, 믿습니다. 영원한 생명을 믿습니다."

이는 우리가 신경을 외울 때 '아멘' 하기 직전에, 마지막에 하는 고백임과 동시에 고백할 수 있는 마지막 고백이기도 합니다. 앞서 말한 것처럼, 신경은 신앙인의 역사입니다. 마지막 "영원한 삶을 믿나이다."라는 이 고백은 신앙인의 역사가 끝나지 않았다는 최종 고백이기도 합니다. 영원한 삶, 육신의 부활, 그리고 죄의 용서. 이 순서에 따라 신경의 마지막 세 구절을 이야기하려고 합니다.

영원한 삶을 믿습니다

 삶, 저는 삶이라는 것을 새삼스럽게 믿을 필요가 없다고 생각합니다. 왜냐하면 저는 이미 삶을 보고 있고, 그것을 묵상하며, 삶을 존중해야 한다는 것도 배웠기 때문입니다. 그렇다면 누가 우리에게 삶을 살아갈 수 있는 생명을 주었나요? 누가 육신과 영 그리고 마음의 생명을 전해 주었나요? 여러분은 이렇게 대답할 것입니다.
 "우리에게 생명을 줄지 말지 여부를 선택할 수 있는 능력(힘)을 가진 분은 부모님이십니다."

여기에서 '능력' 또는 '힘'이라고 말하는 것은 순수한 본성의 힘이 아니라, 부모의 자유 의지에 의해 주어지는 것입니다. 즉, 부모는 생명을 주는 것을 선택할 수 있다는 뜻입니다. 이 선택은 단지 자손이나 후손을 보존하기 위한 걱정에서 비롯된 것이 아니라 사랑에서 우러나오는 선택입니다. 이 사랑을 통해 부모는 우리에게 생명을 줍니다.

이와 같이 부모는 우리에게 생명을 주었습니다. 그런데 우리에게 생명을 주는 분이 또 있다고 합니다. 바로 하느님이십니다. 이것은 무슨 의미일까요? 하느님이 생명을 주신다고 말함으로써 생명은 참으로 경이롭다고 말하는 것입니다. 인간의 능력으로 생명을 만들어 낼 수 있다고 우길 수도 있겠지만 그러기에는 생명이 너무나 신비하고도 아름답습니다. 사실 생명에 대한 경탄은 우리 신앙의 원천이기도 합니다. 우리 모두는 인간적인 단순함과 부족함을 지녔기에 하느님이 생명을 주신다고 신앙을 통해 고백하는 것입니다.

사실 이와 같은 신앙이 그리스도교의 고유한 신앙이라고는 말할 수 없습니다. 오히려 이 신앙은 신에게 생명의 선물을 봉헌하는 신앙 행위라고 하는 것이 더 옳을 것입니다. 아프리카에서 행해지는 풍습 하나가 생각납니다. 그곳에서는 밤이 되면 여인들이 물이 담긴 그릇을 옆에 두고 잠자리에 든다고 합니다. 이는 자신들이 잠든 동안에도 창조주가 일을 계속하도록 하기 위해서랍니다.

시편에도 "보라, 이스라엘을 지키시는 분께서는 졸지도 않으시고 잠들지도 않으신다."(시편 121,4)라고 나옵니다. 이는 매일 매 순간 하느님이 역사하신다는 의미입니다. 그분은 생명을 창조하십니다. 그러기에 하느님의 창조에 대해 이야기하는 것은 매우 가치 있는 일입니다. 이는 일종의 태생적 신앙이라고도 할 수 있습니다.

어느 신부가 들려준 이야기도 생각납니다.

한 젊은 부인이 사제에게 곧 태어날 자신의 아이에게 세례를 베풀어 달라고 청했습니다. 그런데 이상하게도 그 부인은 아이가 태어난 후부터 집 밖으로 나오지 않았습니다. 사제가 유아 세례를 주기 위해 그 집에 찾아가 집 밖에서 기다리는데도 부인은 나오질 않았습니다. 한참을 기다린 사제가 마침내 나타난 그 부인에게 이렇게 물었습니다.

"왜 나오지 않으셨습니까?"

그러자 그 부인은 대답했습니다.

"아직 제 아이가 다 태어나지 않았기 때문입니다."

이 말이 무슨 뜻일까요? 우리는 여기서 젊은 부인의 신앙을 엿볼 수 있습니다. 젊은 부인은 생명을 주시는 분이 바로 하느님이시라고 고백한 것입니다. 그 부인은 하느님이 자신의 아이에게 완전한 생명을 주시기를 바라며 유아 세례를 청한 것입니다. 그렇습니다. 생명을 주시는 분은 바로 하느님이십니다. 하느님은 세례성사를 통해 생명을 주십니다.

그렇지만 우리는 삶이 결국 죽음으로 끝난다는 것을 잘 압니다. 삶이라는 것은 인간이 세상에 놓아둔 것입니다. 인간적인 관점에서 보면 죽음은 허무로 돌아가는 것일 뿐입니다.

우리는 먼지며 결국 먼지로 돌아가게 됩니다. 우리가 흙에서 창조되었으며 결국 흙으로 돌아가게 될 것이라는 죽음의 장벽 앞에서 세상 모든 종교 철학자들과 신앙인들은 죽음 이후에 오는 생명, 즉 영원한 생명을 꿈꾸며 죽음 이후에 관해 여러 가지 상상을 하곤 했습니다.

또 어떤 이들은 생명이 죽음에서 되돌아온다고 주장하기도 했습니다. 어떤 이들은 영적인 생명만을 얻으려고 했습니다. 그래서 죽은 이들과의 통교를 위한 기술과 방법을 찾으려 애쓰기도 했습니다. 또는 영혼의 환생에 대해 이야기하면서 인간이 여러 번 환생할 수 있다고 주장하는 사람도 있습니다. 그렇다면 우리가 그리스도인으로서 "나는 영원한 삶을 믿습니다."라고 고백하는 것은 어떤 의미가 있을까요?

요한 복음서는 이 영원한 삶이 무엇인지 우리에게 말해 줍니다. 저는 여러분이 요한 복음서 안에서 '영원한 삶'을 깊이 묵상할 수 있도록 초대하고 싶습니다. 여러분은 요한 복음서 곳곳에서 '영원한 삶'에 대해 찾아볼 수 있습니다. 요한 사도는 어떻게 영원한 생명을 살아가야 하는지 우리에게 분명하게 알려 줍니다. 먼저 예수님이 니코데모에게 하신 말씀을 들어 봅시다.

"하느님께서는 세상을 너무나 사랑하신 나머지 외아들을 내주시어, 그를 믿는 사람은 누구나 멸망하지 않고 영원한 생명을 얻게 하셨다."(요한 3,16)

또 예수님과 사마리아 여인의 대화에서도 영원한 생명에 대해 찾아볼 수 있습니다.

"내가 주는 물을 마시는 사람은 영원히 목마르지 않을 것이다. 내가 주는 물은 그 사람 안에서 물이 솟는 샘이 되어 영원한 생명을 누리게 할 것이다."(요한 4,14)

예수님은 빵 다섯 개와 물고기 두 마리로 오천 명을 먹이신 기적을 베푸신 다음 제자들에게 이런 말씀을 하셨습니다. 우리는 이를 생명의 빵에 관한 이야기라고 합니다.

"내 살을 먹고 내 피를 마시는 사람은 영원한 생명을 얻고……."(요한 6,54)

예수님의 이 말씀은 베드로 사도가 그리스도에 대한 신앙을 고백하도록 이끌어 주었습니다.

"주님, 저희가 누구에게 가겠습니까? 주님께는 영원한 생명의 말씀이 있습니다."(요한 6,68)

끝으로 예수님이 친구라고 표현하신 라자로가 죽었을 때 예수님이 마르타와 마리아와 나눈 이야기를 생각해 봅시다.

"나를 믿는 사람은 죽더라도 살 것이다."(요한 11,25)

우리는 여기서 한 가지를 깨닫게 됩니다. 모든 사도들의 증언과, 그들의 증언에 따라 우리가 믿는 그리스도에 대한 신앙의 신비를 통해 왜 교회가 "나는 영원한 삶을 믿습니다."라고 고백하도록 우리를 초대하는지 알 수 있을 것입니다.

영원한 생명, 이것은 현재일까요? 아니면 미래일까요?

그리스도교가 가난한 이들, 불쌍한 이들, 불의에 피해를 입은 이들, 그리고 고통받는 모든 이에게 자비를 베풀어 주자 사람들은 이를 비난했습니다.

"네가 이 세상에서 선을 행하면, 저 세상에서 영원한 생명을 얻을 것이다. 네가 지금 고통받는다면, 그것은 하늘에 보화를 쌓아 두는 것이다."

이 말은 그대로 받아들이기도 어렵고 이를 실천하기도 힘들며 그리스도교적인 생각에서 비롯된 것 같지도 않습니다. 이 말이 사실이라면 어쩌면 '종교는 민중의 아편'이라고 한 칼 마르크스의 말이 맞을 것입니다. 신앙이 우리에게 아무것도 가져다주지 못한다면 종교는 믿을 만한 것이 되지 못할 것입니다. 만일 신앙이 다른 것과의 차이를 보여 주지 못하거나 현재를 살아가는 나의 삶에 '더 나은' 어떤 것을 주지 못한다면, 신앙을 가질 필요가 없다는 요즘 사람들의 주장이 더 옳을지도 모르겠습니다.

예비 신자를 받아들이는 예식이나 성인을 위한 세례성사를 거행하면서, 사제는 예비 신자에게 이렇게 묻습니다.

"교회에 무엇을 청합니까?"

예비 신자는 이렇게 대답합니다.

"신앙을 청합니다."

사제는 다시 이렇게 묻습니다.

"신앙이 여러분에게 무엇을 가져다줍니까?"

그러면 예비 신자는 이렇게 대답합니다.

"영원한 생명을 가져다줍니다."

견진성사를 준비하던 고등학생들이 어느 날 저에게 이런 질문을 했습니다.

"주교님, 신앙이 주교님께 무엇을 가져다주나요?"

이 학생들의 질문이 오늘날 현대인들의 고민과 똑같지 않을까 싶습니다. 영원한 생명이 지금 이 자리에서 시작되지 않는다면, 신앙이 오늘을 살아가는 우리에게 삶의 방법을 알려주지 못한다면, 또한 신앙이 현세의 삶에 어떤 가치를 부여해 주지 못한다면, 신앙은 더 이상 현대인에게 관심의 대상이 되지 못할 것입니다. 모리스 준델Maurice Zundel(1897~1975년)은 "이것은 죽음 이후에 우리가 살아 있을지에 대해 묻는 것이 아니라, 오히려 죽음 이전에 지금 살고 있는지에 대한 질문이다."라고 말했습니다. 이 말의 의미를 조금 더 생각해 봅시다. 우리가 생명이 죽음으로 끝나는 것이 아님을 안다는 것은 희망을 가지고 있다는 의미입니다. 이는 죽기 전까지 '나는 살아 있는 존재'라는 사실을 매 순간 깨달으며 희망 안에서 지금을 살아가야 한다는 뜻입니다.

그렇다면 영원한 생명은 무엇일까요? 이 영원한 생명은 이미 시작된 것일까요?

예수님은 다음과 같이 말씀하셨습니다.

"나는 양들이 생명을 얻고 또 얻어 넘치게 하려고 왔다."(요한 10,10)

이것은 참생명, 즉 영원히 죽지 않는 생명에 대한 그리스도의 약속입니다. 예수님은 또 이렇게 말씀하셨습니다.

"나는 생명이다."(요한 11,25)

예수님은 삶을 사는 방법과 삶에 대한 가치를 우리가 깨닫도록 해 주십니다. 예수님은 우리가 살 수 있게 해 주시기 위해 이 세상에 오셨습니다. 이는 바로 우리가 행복을 영유하고 하느님 아버지께 찬미를 드리기 위해서였습니다. 리옹의 이레네오 성인은 이렇게 말했습니다.

"하느님의 영광은 살아 있는 인간입니다."

하느님을 믿겠다고 선택하는 것은 우리가 행복을 위해 바로 오늘을 그리스도와 함께 살겠다는 약속을 하는 것입니다. 신명기는 이렇게 말합니다.

"보아라, 내가 오늘 너희 앞에 생명과 행복, 죽음과 불행을 내놓는다."(신명 30,15)

그렇다면 우리가 태어난 생명, 그리고 영원한 생명이란 도대체 무엇일까요? 우리가 간직한 이 생명은 정말 영원한 것일까요? 이 질문에 답을 드리기 위해 우선 여러분이 이 질문을 두 가지 관점에서 바라보았으면 합니다. 하나는 신앙에 대한 신비적인 측면이고 또 다른 하나는 신앙 안에서 신앙을 살아가는 것에 대한 윤리적인 측면입니다.

우리는 부모를 통해 받은 생명처럼 물리적인 생명이 아니라 하느님이 주신 생명을 다른 방식으로 인식하고 느낍니다.

저는 이 생명을 신앙의 차원에서 느낄 수 있습니다. 이 생명으로 인해 우리가 태어났고, 이 생명은 불멸한 것입니다. 이 생명은 우리 안에 있으며 또한 영원합니다. 이것이 바로 하느님의 생명입니다.

전능하신 창조주 하느님은 끊임없이 당신 자신을 내어 주십니다. 세상을 창조하실 때 하느님은 스스로를 온전히 내어 주셨습니다. 또한 당신이 내어 주신 것을 우리가 받아들일 수 있도록 해 주시고, 이 사랑의 선물에 자유롭게 응답하도록 이끌어 주십니다. 생명은 바로 이와 같이 하느님과 우리가 나누는 내적 대화라고 할 수 있습니다. 우리는 우리의 영혼과 일치를 이루시는 하느님과 함께 이러한 내적 대화를 나누며 살게 됩니다. 창조주의 사랑이 머무르는 인간의 영혼은 신적인 생명을 통해 살게 됩니다.

이러한 의미에서 볼 때 단순히 철학적 가설에서 하는 말이 아니라, 신앙적인 측면에서 죽음은 영혼과 육체가 갈라지는 것이라고 말할 수 있습니다. 이는 신적인 생명을 살아가는 영혼과 죽을 운명을 지닌 육체의 갈라짐입니다. 아우구스티노 성인은 인간의 영혼 안에 현존하시는 하느님을 발견했습니다. 그리고 "당신께서는 제 안에 계셨습니다. 그러나 저는 밖에 있었습니다."라고 말했습니다.

얼마나 많은 사람들이 생명 이후, 즉 죽음 이후에 대해서 관심을 가지고 그것을 알아내려고 애썼습니까! 그러나 하느님과의 내적 사랑이라는 차원에서 본다면 그 사람들은 이방인으로 머물러 있는 것입니다. 결국 그들은 자기 자신들로부터도 이방인일 수밖에 없었습니다! 우리는 우리 자신 그대로를 사랑해야 합니다. 영원한 삶을 산다는 것은 우리 안에서 이러한 내적인 사랑을 키워 나가는 것을 의미합니다. 아우구스티노 성인이 말한 것처럼 이 사랑은 '우리 자신보다 더 우리 자신에게 내적인' 것입니다.

이제 신앙을 살아가는 측면에서 이야기해 봅시다. 영원한 생명이란 생명의 법과 인간의 법을 동시에 살아가는, 성령 안에서의 삶을 말합니다. 그러므로 영원한 생명은 가장 인간적인 삶을 의미합니다. 이것은 인간이 살아가는 방법이자 인간이 받은 은총을 완성하는 방식이며 인간이 지닌 가장 아름다운 것을 발전시키는 방식이기도 합니다. 살아가는 것, 그것은 사랑하는 것입니다. 살아가는 것은 또한 우리가 가진 것 가운데 가장 소중한 것, 다름 아닌 바로 우리 자신을 내어 놓는 것입니다. 그러므로 살아간다는 것은 사랑을 시작하는 것이며, 자기 자신을 사랑하기 시작한다는 뜻입니다. 스스로를 사랑하지 않는 사람은 잘 살 수 없습니다. 사랑받지 못하면 살 수 없는 것처럼 자기 자신을 사랑하지 않는 사람은 사는 것이 아닙니다. 많은 이들이 지금을 살지 않은 채 생명 이후의 것을 쫓아다녔습니다. 그것은 바로 자기 자신을 사랑하지 않았기 때문입니다. 물론 그들은 자기 자신을 사랑하지 못했습니다. 왜냐하면 상처를 받았고 자기 자신에게 사랑받지 못했기 때문입니다. 자신의 세계에만 틀어박힌 사랑은 인간을 죽음에까지 이르게 합니다.

산다는 것, 그것은 사랑하는 것입니다. 사랑한다는 것은 자신으로부터 떠나는 것입니다. 이것이 바로 그리스도인이 살아가야 하는 삶의 방식이기도 합니다.

"밀알 하나가 땅에 떨어져 죽지 않으면 한 알 그대로 남고, 죽으면 많은 열매를 맺는다."(요한 12,24)

영원한 생명을 산다는 것은 개인적이든 사회적인 삶의 차원에서든 언제나 내어 주는 연습을 하는 것이며 나 자신까지도 내어 주는 연습을 해야만 한다는 뜻입니다. 그러기에 영원한 생명을 산다는 것은 사랑이라는 은총을 키우는 일이라고 할 수 있습니다.

"친구들을 위하여 목숨을 내놓는 것보다 더 큰 사랑은 없다."(요한 15,13)

예수님은 다음과 같이 약속하셨습니다.

"정녕 자기 목숨을 구하려는 사람은 목숨을 잃을 것이고, 나 때문에 자기 목숨을 잃는 그 사람은 목숨을 구할 것이다."(루카 9,24)

바오로 사도도 이렇게 말했습니다.

"사랑은 언제까지나 스러지지 않습니다."(1코린 13,8)

바로 사랑이 죽음의 경계를 뛰어넘는 유일한 인간적인 실재이기 때문입니다.

영원한 생명, 그것은 영원하신 하느님의 사랑을 통해 스스로를 사랑하도록 하는 것입니다. 영원한 생명은 자신의 모든 존재를 봉헌하는 것이며, 아버지에게 바친 예수 그리스도의 영원한 제물 안에 자신의 존재 전체를 새겨 넣는 것입니다. 이것이 참된 생명이며 이 생명은 결코 죽지 않습니다. 바로 하느님이 그 생명을 주시기 때문입니다. 그리스도 안에서 우리는 죽음에서 영원한 생명으로 건너갑니다. 이처럼 하느님이 우리를 죽음에서 구원하십니다.

하느님은 당신 자신을 죽음에 결합하면서 우리 영혼을 죽음에서 건져 내셨습니다. 믿고 사랑하는 사람은 하느님의 생명을 살아갑니다. 우리는 이를 보았습니다. 그런데 하느님은 우리를 육체의 죽음과 죄로 인한 죽음에서도 구원하실까요?

예, 그렇습니다. 저는 하느님이 그렇게 하시리라고 믿습니다. 가엾은 죄인들인 우리는 죄의 용서를 믿습니다. 죽을 운명의 육신을 가진 우리는 육신의 부활을 믿습니다.

이제는 신경의 나머지 두 부분에 대해 이야기하겠습니다.

육신의 부활을 믿습니다

저는 신앙인 가운데 사도신경에서 '육신의 부활'이라는 구절만 빼고 믿는다는 사람들이 있다는 이야기를 들은 적이 있습니다. 그래서 여기에 이에 대한 그리스도교의 가장 참신한 생각 중 하나를 보여 주려고 합니다. 그리스도인은 육신을 업신여기지 않습니다. 하느님도 인간의 육신을 사랑하십니다.

그 증거로 하느님은 인간의 육신을 당신의 오른편에 세우셨습니다. 죽은 이들 가운데서 가장 먼저 살아나신 분, 부활하신 예수 그리스도가 그 첫 번째였습니다. 모든 이는 하느님 안에 머무르기에, 하느님은 죽은 모든 사람을 다시 살아나게 하실 것입니다.

그 자체로 유일하고 완전한 교리 교육이라 할 수 있는 신경의 한 부분인 육신의 부활에 대해 여기서 길게 논하는 것은 어려운 일입니다. 이를 잘 이해하기 위해서는 하나의 원칙이 있어야 합니다. 육신의 부활은 창조에서부터 그리스도의 강생까지, 또한 주님의 승천과 관련된 그리스도교 신비의 완전한 논리로서 이해해야 합니다.

우선 우리는 신앙의 정수를 세 번째 장에서 살펴보았습니다. 그리스도교 신앙의 원천과 근원을 찾을 수 있는 역사적이며 유일한 사건은 바로 십자가 위에서 돌아가셨던 예수 그리스도의 부활입니다. 부활 사건을 체험한 증인들은 예수 그리스도가 부활하셨다고 증언했고 우리는 그들의 증언이 참되다는 것을 믿습니다. 바오로 사도는 부활 사건을 이렇게 증언했습니다.

"그리스도께서 되살아나지 않으셨다면, 우리의 복음 선포

도 헛되고 여러분의 믿음도 헛됩니다."(1코린 15,14)

우리는 그리스도와 함께 부활했습니다. 이 세상 마지막 날에 우리는 육신의 부활을 맞이하게 될 것입니다. 우리는 이 사실을 믿습니다. 저는 여기서 교부 두 사람의 말을 여러분에게 들려주려고 합니다. 바로 2세기의 이레네오 성인과 3세기의 테르툴리아노 교부입니다.

이레네오 성인은 이렇게 말했습니다.

"육신이 구원받지 못한다면, 하느님의 말씀은 강생하지 않았을 것입니다."

성인은 이렇게도 말했습니다.

"만일 그리스도께서 치유해 주신 사람이 구원받지 못했다면, 그리스도께서는 어떤 이유로 육신을 지닌 사람들을 치유해 주셨으며, 그들을 본래 모습으로 되돌려 주셨을까요?"

테르툴리아노가 들려주는 표현은 무척 아름답습니다.

"우리의 육신은 '그리스도의 자매'입니다."

"이 육신은 하느님께서 당신의 모상대로 당신 두 손으로 빚어내신 것입니다. 하느님께서는 이 육신이 당신 생명의 활력을 닮도록 당신 숨결로 생명력을 불어넣어 주셨으며, 당신이 지어내신 모든 것 안에서 자유롭게 뛰놀고 그것들을 다스리며 살아가도록 만드신 것이며, 당신의 신비와 가르침을 담아내신 것입니다. …… 하느님께서 수없이 창조하신 이 육신이 부활하지 못하겠습니까?"

이처럼 육신의 부활에 대한 우리의 신앙은 육신을 창조하시고, 강생하시고, 예수 그리스도를 통해 모든 인간을 구원하신 하느님에 대한 우리 신앙의 논리 안에서 이해할 수 있습니다.

마지막으로, 육신의 부활은 어떻게 이루어질까요? 어떻게 죽은 이들이 부활할 수 있을까요? 바오로 사도 역시 코린토 신자들에게 보낸 첫째 서간에서 이런 질문을 했습니다(1코린

15장 참조). 그리고 바오로 사도는 죽은 씨의 비유를 통해 이에 대한 해답을 제시합니다. 씨앗은 자라서 커다란 나무가 됩니다. 땅에 심어진 씨앗과 하늘을 향해 우뚝 선 나무 사이의 차이는 얼마나 큽니까! 우리는 부활한 육신이 어떤 모습일지 상상할 수 없습니다. 우리는 소중한 육신을 잃는 순간 마음의 소리에 귀 기울일 수밖에 없습니다. 그렇지 않다면 육신의 부활에 관해서 더 말할 수 없을 것입니다. 우리의 마음은 무엇이라 말할까요?

"나는 생명을 다시 보고 싶습니다. 왜냐하면 나는 생명에 대한 사랑을 멈출 수 없기 때문입니다."

신앙은 우리에게, 사도들이 신비로운 은총으로 부활하신 그리스도를 보고 기억해냈던 것처럼 우리도 다시 보고, 기억해낼 것이라고 말하고자 합니다. 사람들이 누군가를 알아보고 기억해내는 것은 그 사람의 글이나 목소리를 통해서라고 말하는 것처럼, 그리스도를 알아보고 기억해내는 것은 그리스도의 현존을 통해서입니다.

끝으로 육신의 부활은 종말에 이루어질 창조의 완성이 될 것입니다. 우리는 하느님이 창조하신 모든 세상 만물이 하느님의 영적 부르심을 받는다는 것을 압니다. 우리는 하느님으로부터 났으며, 하느님에게로 되돌아갑니다. 이것이 우리의 삶에서 수없이 반복된다고 말할 수 있습니다.

죄의 용서를 믿습니다

악은 하느님에게로 들어갈 수 없습니다. 하느님과 악은 양립할 수 없기 때문입니다. 그러나 우리는 원하든 원하지 않든 악으로 가득 찬 세상에 살고 있으며, 우리 스스로 악을 쳐부수지도 못합니다. 인간의 모든 삶은 죄로 물들었다고 할 수 있습니다. 이에 대해 바오로 사도는 이렇게 말했습니다.

"선을 바라면서도 하지 못하고, 악을 바라지 않으면서도 그것을 하고 맙니다."(로마 7,19)

그러나 하느님은 죄인들의 죽음을 바라지 않으십니다. 하느님은 죄인을 용서해 주고 세상의 모든 죄를 지워 주십니다.

　우리는 지금 복음의 중심에 서 있습니다. 인간에 대한 하느님의 용서는 복음서가 시작되는 순간부터 끝마치는 순간까지 계속됩니다. 복음서에서 죄는 빚으로 비유됩니다. 그리고 용서는 사랑에 대한 신뢰로 비유됩니다. 이것이 모든 복음서의 내용입니다. 이 복음은 사도들에 의해 선포되었으며, 죄를 용서하라는 내용을 담고 있습니다. 우리는 구원을 받았습니다. 왜냐하면 우리는 하느님의 사랑을 받고, 용서를 받으며, 하느님과 화해하는 존재이기 때문입니다. 죄는 우리에게서 영원한 생명을 빼앗아 갑니다. 그러나 하느님께서는 그리스도를 통해서 우리에게 영원한 생명을 되찾아 주시고, 회복하게 해 주셨으며, 치료해 주셨습니다.

　죄의 용서라는 것은 마치 큰 병을 앓고 있는 사람이 지금은 좀 괜찮아졌다고 말하는 것처럼 잠시 지나가는 그런 문제가 아닙니다. 오히려 죄의 용서는 지금 여기에, 총체적이며 최종적으로 이루어지는 것입니다. 왜냐하면 죄의 용서는 하느님의 가슴 속에 영원히 새겨진 것이기 때문입니다. 죄의 용서에 대한 표지는 세례성사 때 주어집니다. 그래서 니케아-콘스탄티노플 신경을 통해 우리는 이렇게 고백합니다.

"나는 죄를 씻는 유일한 세례를 믿나이다."

이렇게 말하십시오 "나는 믿습니다."

신앙인은 구도자라고 할 수 있습니다. 신앙을 갖는다는 것은 끊임없이 자기 자신에게 질문을 던지고 하느님의 뜻을 지속적으로 살핀다는 뜻입니다. 이 질문은 우리 자신에게 해당하는 질문이며 우리 자신만이 대답해 줄 수 있는 질문이기도 합니다.

"당신은 믿습니까?"

믿지 않겠다고 선택한 사람들도 있고, 믿겠다고 선택한 사람들도 있습니다.

"너는 믿느냐?"

예수님도 당신의 말씀을 듣는 이들에게 이러한 질문을 자주 하셨습니다. 예수님의 이 질문은 자유 의지를 지닌 인간 존재에게 하신 것입니다. 만일 신앙이 하느님의 선물이라면 '믿는다'는 것을 선택할 자유는 우리에게 있습니다. '믿는다'는 것을 선택한다는 것 자체로 그 대상을 믿는다고 할 수는 없지만 적어도 신앙을 향한 첫발을 내딛었다고는 말할 수 있습니다. 샤를 드 푸코Charles de Foucauld(1858~1916년) 신부의 경우가 그렇습니다. 그는 3년 동안 매일 다음과 같은 기도를 바쳤습니다.

"하느님, 당신께서 존재하신다면, 저로 하여금 그것을 알게 해 주소서."

그는 '신앙'을 가질 수는 없었지만, 믿기로 '선택'한 것입니다.

그리스도교 신앙과는 거리가 먼 정치 활동도 했고 생애를 사회의 공동선을 위해 봉사했던 어느 연세 지긋한 사람이 해준 말이 생각납니다.

"만일 나에게 신앙이 주어졌거나 신앙이 나에게 왔었다면, 나는 신앙을 가졌을 것입니다."

'믿는다는 것'을 선택한다는 의미는 하나의 길을 선택하는 것입니다. 더불어 이제 그 길을 걷기 시작한다는 뜻이며, 자신의 마음과 영혼을 하느님이 주신 신앙의 선물에로 열어 놓음을 의미합니다.

폴 클로델Paul Claudel(1868~1955년)은 자신의 연극 〈비단 구두〉에서 인간의 나약한 모습을 잘 표현했습니다. 그 연극에는 해적에게 격침되어 침몰하는 배에 탄 예수회 선교사의 모습이 나옵니다. 선교사는 물에 빠졌지만 다행히도 부서진 배의 들보 일부를 붙잡고 물 위에 떠 있게 됩니다. 선교사는 자신이 살아난 것에 대해 하느님께 감사를 드립니다. 라칭거 추기경(현 베네딕토 16세 교황)은 《그리스도 신앙 – 어제와 오늘》이란 책에서 연극 〈비단 구두〉의 이 장면에 대해 이렇게 썼습니다.

"이 장면을 통해 우리는 신앙인의 처지를 잘 이해하게 됩니다. 허무 위를 떠다니는 오직 작은 판자 하나만이 그를 지켜 줄 뿐입니다. …… 그렇습니다. 오직 그 작은 판자만이 그와 하느님을 연결해 줄 뿐입니다. …… 그러나 그는 결국 이 작은 판자 하나가 바다 저 아래에서 소용돌이치는 허무보다 더 강하다는 것을 알고 있습니다."

"나는 믿습니다."라고 말하는 것은 자신의 신앙을 십자가 나무에 매달아 놓고, 그 신앙 위에 내 삶의 기초를 놓겠다는 선택을 했음을 의미합니다. "나는 믿습니다."라고 말하는 것은 하느님에게로 자신을 열어 놓기로 결정한 것이며 자신에게로 하느님의 빛이 들어오도록 하겠다는 결심을 했다는 의미입니다.

"나는 믿습니다."라고 말하는 것은 자신의 이성과 지성, 그리고 가슴에 하느님의 빛이 들어오도록 하겠다는 뜻입니다. "나는 믿습니다."라고 말하는 것은 부활하신 예수 그리스도의 빛이 세상의 모든 생명에게로 들어올 수 있도록 하겠다는 뜻입니다. 우리는 부활 성야 전례 때 신앙의 증인들이 될 것입니다. 왜냐하면 세례성사를 앞둔 예비 신자들 앞에서 "나는 믿습니다."라고 선택할 것이기 때문입니다.

끝으로 철학자 레지스 드브레Régis Debray의 말을 인용하고 싶습니다. 2003년 9월, 레지스는 산테지디오Sant'Egidio 공동체가 엑스 라 샤펠Aix-la-Chapelle 지역에서 주최한 모임에 초대를 받았습니다. 그는 거기에서 이렇게 말했습니다.

"우리가 여러분에게 무엇을 기대해야 합니까? 서양의 위대한 영성? 아닙니다. 우리부터 깨어나야 합니다! 우리는 재물과 편리함만을 추구하는 사회적 구조에서 민중의 아편을 피우고 있습니다. 여러분, 여러분은 자유로운 존재입니다."

그렇습니다. 우리는 자유롭습니다. 왜냐하면 우리는 본래 자유로운 존재이기 때문입니다. 자유롭다는 것은 우리가 이미 구원받았다는 뜻이고, 우리 모두는 예수 그리스도가 구원해 주신 사람들이라는 뜻이며 예수 그리스도와 함께 부활했다는 뜻입니다.

"당신은 믿습니까?"

보다 깊이 들여다보기

▍읽기

이해하기 위해 믿을 수 있는 은총을 청하고,
또한 믿기 위해 이해할 수 있는 은총을 청하면서,
교회의 신경을 천천히 읽어 보십시오.

▍다시 읽기

복음서가 전해 주는 신앙의 고백들을 다시 읽어 보십시오.

복음서에서 예수님은 당신과 이야기를 나눈 사람들에게 이런 질문을 던지셨습니다. 예수님은 태어날 때부터 눈먼 사람(요한 9,35 참조)에게, 마르타(요한 11,26 참조)에게, 그리고 눈먼 두 사람(마태 9,28 참조)에게 "너는 믿느냐?"라고 물으셨습니다.

또한 예수님은 사람들을 신앙으로 초대하실 때도 이 질문을 하셨습니다. 회당장에게는 "믿기만 하여라."(루카 8,50 참조)라고 하셨습니다. 끝으로 예수님이 백인대장의 신앙에 대해 감탄하시는 부분을 읽어 보십시오(루카 7,9 참조).

▍사랑하기

신앙을 찾는 이들을 사랑하십시오.

또 한편으로 신앙에 대해 의심하는 이들을 사랑하십시오. 그리고 신앙에 대한 그들의 질문과 반론을 경청하고 그들이 바라는 것이 무엇인지 찾으십시오.

그런 다음 서로 이야기를 나누십시오.

▍묵상하기

성인들이 신앙에 대해 증거하는 내용을 잘 묵상하십시오.

그리고 우리 신앙인들과 우리와 함께 살아가는 사람들, 우리의 이웃들이 말하는 신앙에 대한 증언을 나누십시오.

이야기를 마치며
"예, 믿습니다!"

물론, "나는 믿습니다."라고 말하는 것만으로는 부족합니다. 우리는 야고보 사도의 말씀을 되새겨 보아야 합니다.

"나의 형제 여러분, 누가 믿음이 있다고 말하면서 실천이 없으면 무슨 소용이 있겠습니까? …… 이와 마찬가지로 믿음에 실천이 없으면 그러한 믿음은 죽은 것입니다."(야고 2,14-17)

기도하는 것만으로도 부족합니다. 예수님이 이렇게 말씀하셨습니다.

"나에게 '주님, 주님!' 한다고 모두 하늘나라에 들어가는 것이 아니다. 하늘에 계신 내 아버지의 뜻을 실행하는 이라야 들어간다."(마태 7,21)

하느님을 사랑하는 것만으로도 충분하지 않습니다. 요한 사도는 신앙인에게 무엇이 필요한지를 깨닫게 해 줍니다.
"누가 '나는 하느님을 사랑한다.' 하면서 자기 형제를 미워하면, 그는 거짓말쟁이입니다."(1요한 4,20)

그렇습니다. 신앙은 단단한 기초로써, 우리가 살아가야 할 모든 삶을 세우고 방향 잡을 수 있다는 확신을 들게 해 줍니다. 신앙은 인간 역사에 의미를 가져다주고, 일관성을 지니도록 해 줍니다. 신앙은 우리의 마음을 변화시켜 다른 이에게 마음을 열도록 해 줍니다. 신앙은 산을 들어 옮기며 불가능한 것을 믿도록 해 줍니다.

신앙은 체념과 맞서게 해 주고, 세상을 변화시킬 수 있는 의지를 키워 줍니다. 신앙은 사람이 참된 인간이 되도록 도와줍니다. 신앙은 인간을 영원한 사랑의 원천에로 이끌어 줍니다. 사랑은 열정적으로 사랑하고 봉사하도록 해 주는 원동력이기도 합니다.

그렇지만 신앙은 약한 것이기도 합니다. 암브로시오 성인의 충고에 귀를 기울일 필요가 있습니다. 성인은 교리 교육서에서 이렇게 말했습니다.

"나는 여러분이 이것을 잘 기억했으면 합니다. 신앙 고백은 글로 기록해서는 안 됩니다. 왜냐하면 잘 간직해야 하는 것이기 때문입니다. ……

그러면 여러분은 이렇게 질문할 것입니다. '글자로 기록하지 않는다면 어떻게 간직할 수 있겠습니까?' 그러나 저는 이렇게 말하고 싶습니다. 우리는 기록하지 않기 때문에 더 잘 간직할 수 있을 것입니다. 왜 그럴까요? 보십시오. 여러분은 기록한 것을 분명히 다시 읽을 것입니다. 그렇지만 스스로 내용을 매일 묵상하면서 읽지는 않을 것입니다. 반대로 기록해 두지 않는다면 여러분은 그것을 잊어버릴까 봐 걱정하게 되겠지요. 그래서 잊지 않기 위해 매일 다시 묵상할 것이고, 아마도 이는 여러분에게 큰 도움이 될 것입니다. 그러나 마음과 육체에 나태함이 생겨나고, 끊임없는 유혹도 생길 것이며 건강의 위기도 찾아와 병도 얻을 것입니다. 이때마다 신앙 고백을 다시 떠올려 보십시오. 그러면 당신은 치유받을 것입니다. 신경을 고백하십시오. 무엇보다도 당신 스스로, 당신 안에서 말입니다."

암브로시오 성인의 말에 귀를 기울인 아우구스티노 성인은 스승의 충고를 되새기며 이렇게 조언했습니다.

"날마다 신앙 고백을 하십시오. 매일 아침 일어날 때, 매일 밤 잠들기 전에 당신의 신앙을 다시 반복하여 고백하십시오. 그런 다음 그것을 주님께 봉헌하십시오. 그리고 이를 기억하고 반복하는 것을 기쁨으로 여기십시오."

믿습니까?

신앙 안에서 모든 그리스도인들과 더불어 "예, 저는 믿습니다."라고 고백하는 은총이 여러분에게 주어지기를 기원합니다.

부록

사도신경

초대 교회 때부터 그리스도인의 신앙 고백은 '상징'이라고 불렸습니다. 이 상징을 통해 그리스도인은 하나의 신앙적 일치를 이루었습니다. '신경', 또는 '저는 하느님을 믿나이다.'라는 말은 모든 그리스도인에게 동질감을 느끼게 해 주었고, 그리스도인을 하나로 모으는 일치의 상징이 됐습니다.

우리가 흔히 '사도신경'이라 부르는 신경은 초대 교회 때부터 세례성사 예식 때 사용되었던 가장 오래된 신앙 고백이며, 그리스도교 신앙의 종합이라 할 수 있습니다. 이 사도신경은 매우 오래된 신앙고백이기에 사도들의 권위를 부여받게 되었습니다. 사도신경은 2세기 때 오늘날과 같은 형식으로 완성되었습니다.

전능하신 천주 성부,
천지의 창조주를 저는 믿나이다.
그 외아들 우리 주 예수 그리스도님,
성령으로 인하여 동정 마리아께 잉태되어 나시고
본시오 빌라도 통치 아래서 고난을 받으시고
십자가에 못 박혀 돌아가시고 묻히셨으며
저승에 가시어 사흘날에 죽은 이들 가운데서 부활하시고
하늘에 올라 전능하신 천주 성부 오른편에 앉으시며
그리로부터 산 이와 죽은 이를 심판하러 오시리라
믿나이다.
성령을 믿으며
거룩하고 보편된 교회와 모든 성인의 통공을 믿으며
죄의 용서와 육신의 부활을 믿으며

영원한 삶을 믿나이다.

아멘.

니케아-콘스탄티노플 신경

4세기에 교회는 신앙에 관해 이교와 이단과 수많은 논쟁을 벌였습니다. 이단들은 예수 그리스도의 신성을 인정하지 않았고, 성령의 신성까지 부정했습니다.

이런 이교와 이단에 맞서 교회는 325년 니케아 공의회와 381년 콘스탄티노플 공의회에서 그리스도의 신성과 성령의 신성에 관한 교리들을 신중하게 결정했고, 이 교리들을 신앙적·신학적으로 발전시켰습니다. 이 두 공의회에서 결정됐던 신앙 조문들을 정리하여 하나의 신경이 만들어졌고 이 공의회들의 이름을 따서 니케아-콘스탄티노플 신경이라고 부르게 됐습니다.

한 분이신 하느님을

저는 믿나이다.

전능하신 아버지,

하늘과 땅과 유형무형한 만물의 창조주를 믿나이다.

또한 한 분이신 주 예수 그리스도, 하느님의 외아들

영원으로부터 성부에게서 나신 분을 믿나이다.

하느님에게서 나신 하느님, 빛에서 나신 빛

참하느님에게서 나신 참하느님으로서,

창조되지 않고 나시어

성부와 한 본체로서 만물을 창조하셨음을 믿나이다.

성자께서는 저희 인간을 위하여, 저희 구원을 위하여

하늘에서 내려오셨음을 믿나이다.

또한 성령으로 인하여 동정 마리아에게서

육신을 취하시어

사람이 되셨음을 믿나이다.

본시오 빌라도 통치 아래서 저희를 위하여

십자가에 못 박혀 수난하고 묻히셨으며

성서 말씀대로 사흗날에 부활하시어

하늘에 올라 성부 오른편에 앉아계심을 믿나이다.

그분께서는 산 이와 죽은 이를 심판하러

영광 속에 다시 오시리니

그분의 나라는 끝이 없으리이다.

또한 주님이시며 생명을 주시는 성령을 믿나이다.

성령께서는 성부와 성자에게서 발하시고

성부와 성자와 더불어 영광과 흠숭을 받으시며

예언자들을 통하여 말씀하셨나이다.

하나이고 거룩하고 보편되며

사도로부터 이어오는 교회를 믿나이다.

죄를 씻는 유일한 세례를 믿으며

죽은 이들의 부활과 내세의 삶을 기다리나이다.

아멘.